从零开始学报表：

财务报表入门两星期

朱文丽　杨黎民◎编著

CAIWU BAOBIAO RUMEN LIANG XINGQI

SPM
南方出版传媒
广东经济出版社
·广州·

图书在版编目（CIP）数据

从零开始学报表：财务报表入门两星期／朱文丽，杨黎民编著.
—广州：广东经济出版社，2015.4
ISBN 978-7-5454-3732-4

Ⅰ.①从… Ⅱ.①朱… ②杨… Ⅲ.①会计报表-基本知识 Ⅳ.
①F231.5

中国版本图书馆 CIP 数据核字（2014）第 296575 号

出版发行	广东经济出版社（广州市环市东路水荫路 11 号 11～12 楼）
经销	全国新华书店
印刷	茂名广发印刷有限公司 （茂名市计星路 144 号）
开本	787 毫米×1092 毫米 1/16
印张	11.75　　1 插页
字数	157 千字
版次	2015 年 4 月第 1 版
印次	2015 年 4 月第 1 次
书号	ISBN 978-7-5454-3732-4
定价	36.00 元

如发现印装质量问题，影响阅读，请与承印厂联系调换。
发行部地址：广州市环市东路水荫路 11 号 11 楼
电话：（020）38306055　37601950　邮政编码：510075
邮购地址：广州市环市路水荫路 11 号 11 楼
电话：（020）37601980　邮政编码：510075
营销网址：http：//www·gebook．com
广东经济出版社常年法律顾问：何剑桥律师

Contents 目录

第四天　细数权益

第五天　解读利润

第六天　解密现金流量表

第七天　聚焦企业的血脉——现金

第十三天　财务报表综合分析

第十四天　警惕财务“陷阱”

第一天　解读财报密码

◆第一节　了解财报

◆第二节　识别财报基因

◆第三节　探寻财报密码

第一节　了解财报

根据著名投资家巴菲特的观点，投资人应该准确了解企业的经营状况，从财务报表（股民常将之简称为“财报”）中解析企业的竞争力，或从企业公布的财务数据中发现其不合理之处，作出正确的投资决策，避开那些“地雷股”，以保护自己的资金。

中国有句俗话，叫做“知己知彼，百战不殆”。如果想获得好的投资收益，那么必须得了解我们要投资的公司，所以通过分析财务报表来了解企业是不可或缺的方法。财务报表让我们通过一些数字，就可以了解企业的经营状况，对于这个你是不是感到很神奇？如果这是真的，你是不是只要认识阿拉伯数字就可以看懂报表，进而了解企业的真实情况，成为一个优秀的投资人呢？

答案就是这么简单。财务报表不仅通过数字让你了解到将要投资的企业的真实信息，而且也让企业的管理者能够一目了然地了解企业的财务状况，例如，有“经营之神”美誉的台湾塑料公司董事长王永庆先生认为，企业经营的两大支柱是“计算机系统”和“财务报表”，而计算机系统的很大部分是用来支持财务报表的。

你现在会不会对自己能看懂数字却看不懂财报感到奇怪呢？那是因为你还不知道财报密码。用会计方法把复杂的经济活动及企业竞争的结果，转换成以货币为表达单位的会计数字，这就是所谓的“财报密码”。这些密码拥有极强大的压缩威力，即使再大型的公司（如中石油、中石化），它们在市场竞争中所创造或亏损的财富，都能压缩、汇总成薄薄的几张财务报表。这些财务报表透露的信息必须丰富，否则投资人或银行不会愿意为公司提供资金。但是，这些财务报表又不能过分透明，否则竞争对手会轻而易举地学走公司的经营方法。作为一名投资人来说，是不是又觉得很迷茫了呢？不要紧，本书将透过那几张财务报表，让投资人充分读懂企业透露的信息，破解企业的财报密码，揭开企业财报的神秘面纱。

第二节 识别财报基因

任何财报都是由固定的部分组成的，这个我们叫财报的基因。财报一般包括四种报表，再复杂的企业，也能利用这四种财务报表来描述它的财务情况。许多企业人士喜欢膜拜“四面佛”，据说能保佑企业财运亨通。事实上，每家企业本来就“供奉”着四张财务报表，不妨将之视为引导竞争及进行管理活动的“四面佛”！

我们下面来“参观”一遍企业的这四张财务报表。

首先，请看第一张表——资产负债表。这张表是用来描述在某一特定时点，企业的资产、负债及所有者权益（或股东权益）之间的关系。简单地说，资产负债表的编制是建立在以下恒等式关系之上的：

资产＝负债＋所有者权益

这个恒等式关系要求企业同时掌握资金的来源（负债及所有者权益）与资金的用途（如何把资金分配在各种资产上）。资产负债表是了解企业财务结构最重要的途径。

其次是利润表。利润表是用来解释企业在某段期间内财富（股东权益）如何因各种经济活动的影响而发生变化。简单地说，净利润或净损失等于收入扣除各项费用。利润表是衡量企业经营绩效最重要的依据。

利润＝收入－费用

下面我们来看现金流量表。现金流量表用来解释某特定期间内，组织的现金如何因经营活动、投资活动及筹资活动发生变化。现金流量表可以弥补利润表在衡量企业绩效时所出现的盲点，从另一个角度检视企业的经营成果。现金流量表是评估企业能否持续存活进而参与竞争的最核心工具。企业的现金有三种活动方式：经营活动、投资活动、筹资活动。

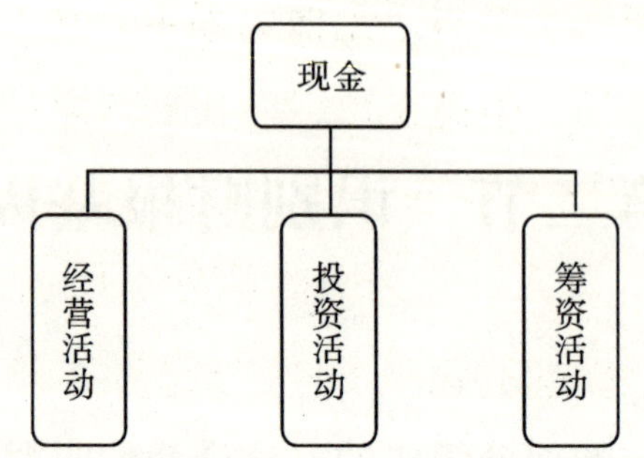

最后让我们一起来了解所有者权益（或股东权益）变动表。这张表用来解释某一特定期间内，所有者权益（或股东权益）如何因经营的盈亏（净利或净损）、现金股利的发放等经济活动而发生变化。它是说明管理阶层是否公平对待股东的最重要信息。

19 世纪 70—80 年代的台湾知名歌星万沙浪先生，曾以一曲《风从哪里来》风靡海内外，若将这首歌的歌词稍微改动，把“风”字改成“钱”字，就变成说明财务报表的好口诀：“钱从哪里来，要到哪里去？有谁能告诉我，钱从哪里来？”前两句歌词指的是资产负债表，它的目的是陈述组织资金的来源及用途；后两句歌词是指其他三张财务报表，目的都在于解释企业财务资源或股东权益的变动。

第三节　探寻财报密码

密码一：谁动了企业的奶酪

对企业而言，财务绩效受到外在大环境和企业自身的影响。而外在大环境最重要的一环，往往就是产业趋势。

当某种产业大趋势出现时，能掌握脉络、与趋势同步并进者才能胜出，否则会节节败退。以摄影产业为例，在胶片时代，美国柯达是当之无愧的霸主，它几乎是胶卷和照片的代名词。但是在数字时代到来之后，柯达便陷入艰苦的策略与业务转型期。从 2003 年迄今，柯达已裁员 2.7 万人，并关闭了部分工厂。

为了发展数字影像事业，柯达公司从 2003 年起每年砸下超过 5 亿美元的研发经费，希望在数字相机、数字冲印、储存科技及分享技术上能保持竞争力。

2005 年，柯达的营业收入增加 6%，其中数字产品的营业收入增加 40%，超过原定的 36%的目标，而传统摄影产品则衰退了 18%。特别值得注意的是，该年柯达的数字产品营业收入首度超过传统产品，但是由于在策略转型中遣散员工、关闭厂房等付出的巨大费用，柯达 2005 年发生高达 13.62 亿美元的亏损。远在 1878 年，柯达创办人乔治·柯达豪情万丈地说：“您只要按下快门，我们负责其他一切。”但目前柯达的领导者必须通过数字摄影的技术革命，才能确保公司不因为大环境的变迁而被淘汰。

又如许多大中华地区的企业，它们快速成长的动力建立在善于掌握大环境的趋势上，从而得到了众多国际大型企业的订单，这就是所谓的“良禽择木而栖”。至于他们的财务绩效，绝大多数依赖于其与释放代工订单者之间的互动关系。不过，这种关系也有“稳定”与“不稳定”之别。

密码二：有好的财务绩效一定就是牛股了吗

良好的

财务绩效 $\overset{?}{=}$

财务报表分析中常有所谓的“绩优股”，它背后隐含了一个假设：过去财务绩效良好的公司，未来绩效良好的可能性会比较高。这个推断虽然有它的道理，但我们也看到许多相反的例子，例如台湾资本市场的股王（每股股价最高）的后续发展就很值得警惕。部分股王因成长瓶颈或策略错误，在短短数年内沦落为“鸡蛋股”（指股价低于4元新台币）。例如，台湾卫道科技的获利由2000年的新台币3亿元，到2003年竟然亏损4亿元，而它的股价曾一度每股超过300元新台币；台湾讯碟的获利也由2000年的10亿元新台币，衰退为2004年的亏损119亿元新台币，讯碟的股价每股最高曾超过500元新台币（目前已下市）。另外，曾经创造出了中国大陆股市中的多个“第一”（如“中华珠宝第一股”、“陕西第一家民营上市公司”）的西安达尔曼实业有限公司，在1996年上市后，股价一度被疯狂炒作到每股50多元人民币，2004年该公司以0.96元收盘，成为中国大陆股市开业以来的第一只股价跌破面值的“毛股”，2005年因无法披露定期报告，被上海证券交易所依法终止上市。

历史证明，好的财务绩效和牛股之间是不能简单地画等号的。

第二天　了解资产

第一节 解读资产负债表

何谓资产？对企业来说，就是它所拥有的能创造经济价值的“家产”，而这项“家产”未来能为它增加现金（也叫流入）或减少现金（也叫流出）。我们举例说明哪些属于可以使未来现金增加的“家产”，比如：货币资金（能取得利息）、存货（能通过销售得到现金）、投资性房地产（能得到租金）、设备（能制造货品以供对外销售）。像预付房租、保险费等各种预付项目，由于已预先付清，未来可享受居住服务及保险保障，不必再付出现金，将减少未来现金的流出，所以也属于企业的“家产”。

介绍完资产，那么我们怎么理解负债呢？其实很容易，负债即债务，对企业来说，就是它需要用资产或劳务来偿还的债务，这些债务都是由过去发生的事项形成的，所以它们的偿还会造成企业资产或者说资源的减少，例如应付及预收款项、应付职工薪酬、长期借款等。负债也包括部分的估计事项，例如公司需要估计法律诉讼案所造成的可能损失。任何企业都不可能做到无负债经营，负债已成为现代企业的一个要素，负债经营已成为企业经营的重要特性。

另外，在一定的经济环境中，一家企业为了进行生产经营，必须拥有或控制相应的经济资源，这些经济资源在会计上称为资产，而对资产的权利享有和利益享有，称之为权益。所有者权益指的就是资产扣除负债后，由公司所有者享有的剩余权益，又称为“净资产”或“账面净值”，这在前一天关于资产负债表的编制公式的介绍中已经提及过。本书所提到的公司均是上市公司，所有者是股东，因此它们的所有者权益又叫做股东权益。

资产、负债、所有者权益这三大核心组成了资产负债表，表达企业在某一特定时刻（一般是 12 月 31 日）的财务状况。就会计的概念来说，公司被视为一个与股东（所有者）分离的经济个体，它有能力拥有资源及承担义务。由于将公司与出资股东视为两个不同的个体，股东个人所积欠的债务与该公司毫无关系。

资产负债表的基本架构就是众所周知的会计等式：

资产＝负债＋所有者权益

上述会计等式其实是个恒等式，因为它是公司资金来源与资金用途一体两面的表达。等式左边表达了资金用途，等式右边表达了资金的两个来源：一个来自债主，一个来自股东。

有了这些资金，企业如何“炼”出现金来呢？

简单地说，企业的活动，就是用现金来“制造”现金，而且是“制造”更多的现金。用手头现有的现金投入“现金制造机”，现金在“机器”中经过从原材料到半成品，然后到成品，再到应收货款等一系列的形态，最后转化为现金形态，被“机器”吐出来。而固定资产就是这台“现金制造机”。在库资产和应收账款等流动资产，就是将投入的现金转化为更多新现金之前的状态。

资产负债表的左侧，代表的就是这些“现金制造机”（就好比炼钢的炉子）及现金、在库资产和应收账款等流动资产。要启动“现金制造机”，首先需要资金来支付员工工资、水电费、修理费、管理费等费用。这里要注意的是，“现金制造机”体积越大，性能越差，所需要的维持费用也就越多。

表 2-1　资产负债表结构

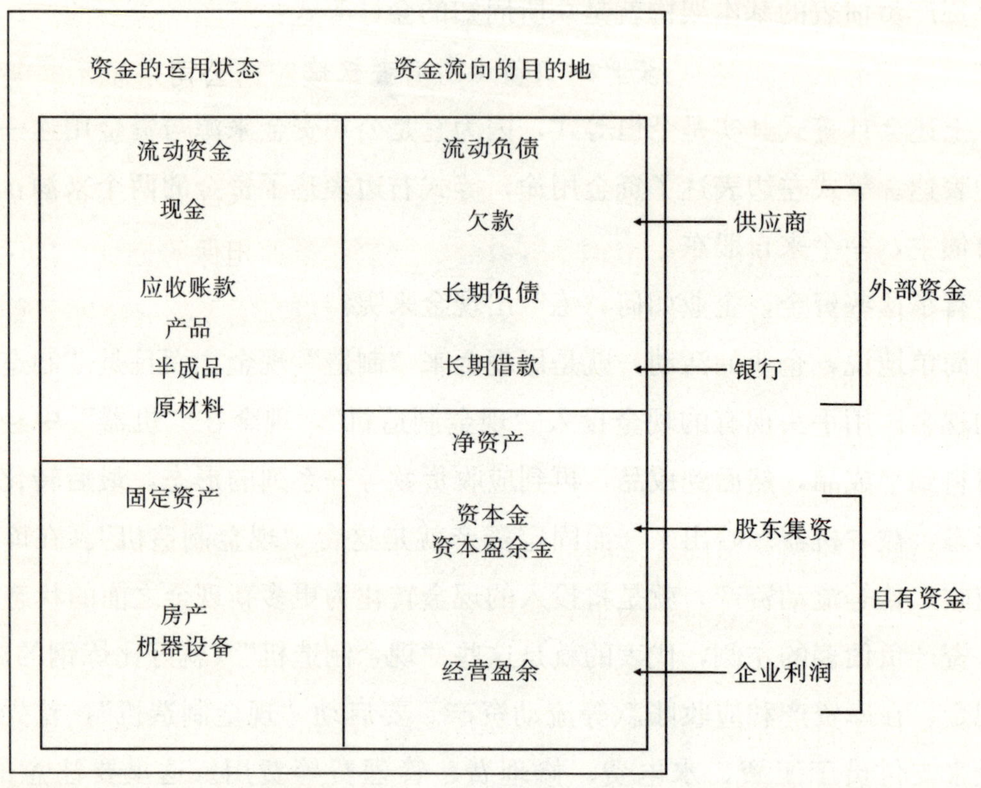

资产负债表的左侧表现的是资金的运用状况，右侧表现的则是资金流向的目的地。根据企业是否必须返还资金，资金可分为外部资金（应付账款、欠款、银行借款）和自有资金（从股东处募集来的资本金、资本盈余金和企业利润）。可供调用的资金，有供应商、银行、股东和企业的自有储备四个源头。从供应商处调用的资金就是赊欠货款，从银行调用的资金就是贷款，这两样都是必须偿还的外部资金。从股东处筹集的资金包括资本金和资本盈余金，公司的自有储备金就是公司的积蓄，这些都是属于企业自身的，被称为自有资金。

资产负债表的形式通常是统一的，但是，考虑到现金及其等价物是相当敏感的因素，资产负债表还是需要仔细地审查的。我们投资者应该考察公司持有的现金与现金等价物之间的比例问题，评估应收账款的质量和实际状况。在考察应收账款时，逐一讨论公司的客户和账目，将使我们获知关键客户（特别是那些为公司提供持续收入的客户）带来的现金流的可预测性。作为一名投资者，我们希望知道由谁来负责收集应收账款，附带什么样的条件，其中包括应收账款融资，以及应收账款按照时间是如何进行分割的——是30天，60天，还是90天？除此之外，我们还应核查公司的实有固定资产（包括地产）及其折旧的摊销方法，当然这一点对于软件公司和市场营销公司来说不是特别重要。

长期和短期贷款的性质和规模在审查时应引起特别关注。对于目前仍然无法盈利的公司，股东们肯定很难容忍以公司资产作抵押担保的贷款。当无法获得银行信用贷款，或者银行所提供的信用贷款难以满足需要时，中小企业可以向银行提供抵押物以获得贷款。抵押是指债务人或第三人不转移财产的占有，将该财产作为债权的担保。债务人不履行债务时，债权人有权以该财产折价或者以拍卖、变卖该财产的价款优先受到赔偿。当中小企业向银行提供了抵押物后，银行向其贷款的风险大大降低，因此银行往往愿意向该企业提供贷款。可是企业在进行抵押贷款时，为了筹集到更多的资金，抵押物中常出现问题。主要是借款人的抵押物未到相关部门做抵押登记，银行出于种种原因默认这种情况，使得抵押贷款实际上“有名无实”。另外，抵押物没有经过有关部门的评估，导致担保物超值抵押的现象时有发生。所以，投资人应该对充当抵押物的资产进行详细的审查。

第二节 了解负债表的“家规”

熟知会计人员是如何记账及所依据的记账方法，是我们解读资产负债表的第一步。会计人员在设置了会计账户后，如何记账呢？企业资产负债表的编报应遵循怎样的“家规”呢？按照规定，我国采用的是复式记账法。复式记账法是指会计人员对每一项发生的经济业务，以相等的金额同时在两个或两个以上相互联系的账户（也就是指对经济业务的分类）中进行登记的记账方法。这种方法的理论依据是各个会计要素（如资产、负债、收入、费用、利润等）之间客观存在的恒等关系。无论经济业务怎样变化，采用这种方法都可以全面地、相互联系地反映各个会计要素的增减变动，还可以利用资产总额与权益总额相等的关系，检查账户记录的正确性，及时发现账户记录中的错漏。复式记账法是一种科学的记账方法，采用复式记账法是现代会计的主要标志之一。复式记账法根据记账符号、记账规则、会计等式平衡的不同，分为借贷记账法、收付记账法、增减记账法。我国规定会计核算必须采用借贷记账法。

借贷记账法是以“借”和“贷”为记账符号的一种复式记账法。我们这里所说的借和贷只是一个表示方向的符号，已经没有了原有的字意。在账户的基本格式中，“借”代表账户的左方，“贷”代表账户的右方，借、贷方向相反，用以反映资金的增减变化情况。登记在借方的数额为借方发生额，登记在贷方的数额为贷方发生额，借贷两方的差额为余额。余额在借方为借方余额，余额在贷方为贷方余额。在借贷记账法下，账户的基本格式如图 2-1 所示。

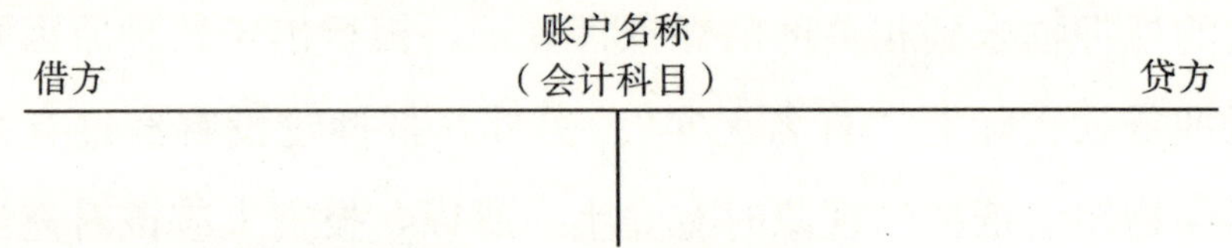

图 2-1　账户的基本格式

根据会计要素的恒等关系，我们把借贷记账法的规则用公式表示如下：

资产＝负债＋所有者权益＋（收入－费用）

如果规定资产增加记在借方，那么费用增加也记在借方，资产和费用的减少就记在贷方；而负债、所有者权益和收入的方向与资产和费用相反，所以负债、所有者权益和收入的增加记入贷方，负债、所有者权益和收入的减少则记入借方。例如，企业购入原材料，支付现金，借方就要记“原材料”或“存货”，贷方记“现金”，表示资产（原材料）的增加，而另一资产（现金）的减少。如果企业借入资金，借方就要登记“现金”，贷方登记“短期借款”，表示资产（现金）的增加，而负债（短期借款）也同时增加。如果用资产偿还负债，则方向相反，表示资产和负债同时减少。如果投资者投入资产，则借方记资产的增加，贷方记所有者权益的增加。采用这种复式记账法的“自然法则”是“有借必有贷，借贷必相等”，这跟我们口头上常说的“有借有还”还不是同一个意思。“有借有还”只是单纯的借钱与还钱，而这里的“借”和“贷”，就不再是借钱和贷款这么简单了，就像前面说的只是一个符号而已，用来表示记账的双方，每一笔业务都是同时在这两方记入账目的，而且每一笔业务借贷双方记录的金额相等。

在读懂财务报表之前，必须先了解报表的每一笔金额都是怎么得来的，会计人员在进行经济活动的记录、报表的编制时所依据的基本记账规律是什么。根据复式记账原理，运用借贷记账法对每一笔经济业务记账时，都要以相等的金额在记入一个账户借方的同时，记入另一个账户或几个账户的贷方；或在记入一个账户贷方的同时，记入另一个或几个账户的借方。记入借方与记入贷方的金额必然相等，如若记账时只记在借方或只记在贷方，而无对方账户，或借方与贷方的金额不等，就表明记账错误。这就是“有借必有贷，借贷必相等”的自然法则。

由于借贷记账法在每一笔经济业务发生时都以相等的金额在相互对应账户的借方和贷方登记，这就使每一笔经济业务的记账保证了借、贷两方平衡。因此，在一个会计期间（通常为一年）内发生的经济业务全部登记入账后，所有的会计账户的本年借方发生额合计数与所有会计账户的本年贷方发生额的合计数必然相等；所有会计账户的借方年末余额合计数与所有会计账户的贷方年末余额合计数也必然相等。由此可见，所有账户的借方年初余额合计数与所有账户的贷方年初余额合计数也应该相等。在会计期末，为了检验会计账户记录的正确性，通常根据这种平衡关系进行各种账户的计算。利用这种平衡关系可以检查各账户记录是否正确，以保证会计提供的信息的质量。如果不平衡，肯定记录有错误。但即使平衡也不一定正确，这是因为可能会有下列情况：借贷两方都同时多记或少记了相同的金额，记账时借贷两方方向都记反了，记错账户，漏记某笔经济业务等。

第三节 资产如何分家

资产从不同的角度或按不同的形式可以给它们贴上不同的标签。如果按照资产是否具有实物形态，我们可以将其分为有形资产和无形资产；如果按照资产与货币是否有相互关系，可以将其分为货币性资产及非货币性资产；如果按照资产来源划分，可分为自有资产和租入资产等。一般最常见的分类是按照资产的流动性将资产划分为流动（相对于长期来说的）资产和长期资产。在资产负债表中，通常按资产的流动性来进行划分。资产的流动性是指资产转化为现金或被耗用掉的速度，流动性越强，转化为现金或被用掉的速度就越快。在我国目前的有关制度中，又把长期资产分为长期投资、固定资产、无形资产和其他资产。在 1 年或超过 1 年的一个生产经营周期内变现或者被耗用的资产，我们就称之为流动资产，主要包括库存现金和各种存款、短期投资、应收账款、应收票据、预付账款、存货等，这些也就是在资产负债表左侧出现的科目。

除了短期投资以外，企业必然还要进行长期投资以分散风险或赚取利润，这些长期投资就包括了企业投资的不准备在 1 年内转变为现金的股票投资和债券投资，以及投资期限在 1 年以上的其他股票投资和其他债券投资。

至于固定资产，顾名思义，就是说企业为生产商品、提供劳务、出租或自己经营管理而持有的、使用年限超过 1 年、单价较高，并在使用过程中保持原有形态的资产，这也就好比我们家里的家具、器具之类的价值相对比较高的物品。

与固定资产相对的还有一种对企业生产运营来说也是非常重要的资产，这就是无形资产。无形资产是企业为生产商品或者提供劳务、出租给他人，或为管理目的而持有的、没有实物形态的长期资产。无形资产分为可辨认无形资产和不可辨认无形资产。可辨认无形资产包括专利权、非专利技术、商标权、著作权、土地使用权等；不可辨认的无形资产是指商誉。无形资产是一种特殊商品，具有价值和使用价值，在市场上可以进行转让，并且随着时间的推移，将会给企业带来巨大的潜在利润。

在报表中，其他资产是比较容易出问题的地方。除了前面提到的那些资产以外，剩下的都叫其他资产。能剩下什么呢？目前我国能剩下的，一个是摊销期限超过 1 年的费用，叫长期待摊费用；还有，企业的财产被法院冻结，而冻结的资产既不能叫流动资产，也不叫长期投资，也不叫固定资产，统称为其他资产。如固定资产大修理费、租入固定资产改良支出等，固定资产的修理和改良费用虽然在当时就支付了，但它们使企业在未来很长一段时间享受修理和改良所带来的利益，而不需要再支付现金，因此在会计记账上就必须根据“家法”将费用分期摊配到每月。另一个是其他长期资产，一般包括国家批准储备的特种物资、银行冻结存款、临时设施和涉及诉讼中的财产等。其他长期资产是指除以上资产项目以外的长期资产，如特种储备物资、银行冻结存款等。

把资产分成这样几类有什么意义呢？就是让我们一看到流动资产就知道 1 年内它能够变成钱，看到长期投资就知道回收期要超过 1 年，看到固定资产就知道它们的具体表现形式就是机器设备，看到无形资产就知道是专利，等等。而且从上往下看，变现能力会变得越来越差。如果企业需要钱，要把资产变成钱，上面的资产比较容易实现，例如流动资产很容易立刻就变成钱，但是要想把其他资产、无形资产变成钱则比较困难。因此，阅读报表时会发现，下面的资产占的比重越大，企业变现能力就越差。

第四节　流动资产

这里所说的流动资产是指短期资产，是一种和现金保持着异常亲密关系的资产，是那些能够立刻转换成现金，或者将会在 1 年之内转变为现金的资产。企业的流动资产包括企业的燃料、材料、备品备件、价值较低的器具、包装箱、在产品、产成品、现金、银行存款、债权及其债权性票据。

流动资产与企业中的长期资产（如无形资产和固定资产）相比，存在着显著的特征。与无形资产相比，企业的全部资产从存在形态上可分为有形资产和无形资产两大类。顾名思义，有形的就是看得见的，有实物形态的；无形的就是看不见的，没有实物形态的。其中，流动资产与固定资产一起同属于有形资产，一起参加企业整个生产经营过程，它只会随生产经营的进行而转化，不会因企业的消亡而消失；而商标、专利权、商誉等则是企业的无形资产，它必须依附在其他资产上才能发挥它们的作用，它可随时间的变化和企业的经营状况变化而消失。

与固定资产价值转移相比，流动资产与固定资产的价值在转移到产品中的方式不同。在正常的生产经营情况下，固定资产的价值随生产的不断进行、机器设备的不断磨损而逐渐地转移到产品中去；流动资产的价值则是一次性地全部转移，这种转移表示流动资产形态的转化，而代表这部分资产的资金永远处于往返流动状态。正如马克思所说的："只要辅助材料和原材料在形成产品时全部消费掉，它们就把自己的全部价值转移到产品中去，并从产品实现的价值中一次全部收回得到补偿。"

流动资产存在于企业生产经营的各个不同阶段，它的存在表明占用着企业的一部分资金。随着产品生产活动的进行，流动资金依次从货币资金→储备资金→生产资金→成品资金，再转化为货币资金，完成一次周转（如图 2-2 所示）。

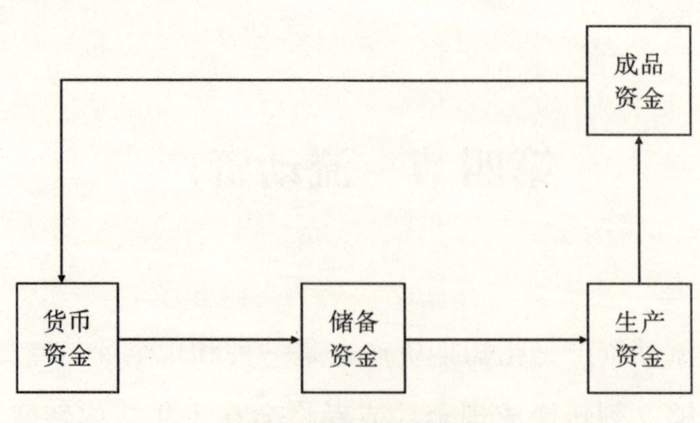

图 2-2　流动资金的周转

由流动资产的定义及其资金运动过程可见，流动资产具有占用时间短、周转快、容易变现等特点。企业拥有较多的流动资产，可以在一定程度上降低财务风险，同时，由于流动资产占据着企业生产经营的各个不同阶段，流动资产管理的好坏还关系到企业生产经营的连续性。因此，企业必须拥有一定数量的流动资产。但是，流动资产仅仅是替企业获取收益的一种手段，流动资产本身未必是越多越好，过多的流动资产，占用的资金也就越多，会降低企业资金的使用效益，减缓流动资金的周转速度。因此，在保证一定的生产经营规模的前提下，企业应该尽量争取降低流动资产的资金占用。相应的，对企业来说，流动资产管理的主要目标应该是：在确保生产连续进行的基础上，降低流动资产的占用，加速流动资金的周转，处理好流动资产管理中的流动性与效益性之间的关系。

一般来说，我们在对流动资产进行分类时，按企业流动资产的形态和构成来分类的情况比较常见。企业的流动资产从形态上分为储备资产、生产资产、成品资产、货币性资产四大类。储备资产指的是暂时还没有投入生产中去的流动资产，包括原料及主要材料、辅助材料、燃料、修理用备品备件、包装物、外购的半成品等。生产资产指的是生产过程中的在产品、企业自己生产的半成品、待摊费用等。在产品指的是尚处于加工或制造过程中的未完成的产品；半成品是指已完成一个或几个生产阶段，但需从一个车间直接转往另一个车间继续加工的产品。成品资产说的是已脱离生产过程的完工产品，主要包括产成品、外购商品。在对成品资产进行评估时，首先应当以报表中的记账数据为基础，另外还要考虑到物价变动、工资变动水平、产品的质量、期限、废品率等因素。

货币性资产包括发出商品、货币资产、结算资金等。企业在委托银行收款的结算方式下，生产出来的产品发出以后需要经过购货单位承诺付款，才能取得贷款。已经发出但尚未收到货款的商品称之为发出商品。货币资产是指企业生产经营过程中以货币形态存在的那部分货币性资产，它包括企业手头的现金以及可以随时用来花销的银行存款和其他符合现金的票据。所谓结算，就是企业由于销售货物、购买原材料等业务活动而发生的货币收付关系；结算资金则指企业由于生产经营活动而发生的应收、暂付和应付及暂收等结算过程中的往来款项，例如应收的销售货款、应付的原材料的购买款、其他应收款、其他应付款等。

不同行业中的企业所拥有的流动资产的具体内容差异较大，我们来看下面两个实例。

【例】

"石化双雄"的流动资产

统计显示，流动资产排名前50位的上市公司，平均流动资产在373亿元。"石化双雄"——中国石油（601857）和中国石化（600028）跻身排行榜前两名。前者流动资产为2 362亿元。

以中国石油为例，2007年年底货币资金约886亿元，存货约885亿元，两者加总约占流动资产的2/3强。年报显示，中国石油的货币资金主要由银行存款构成；存货由原油及其他原材料、在产品、产成品、周转材料构成，其中，原油及其他原材料约占3/8，产成品约占5/8。很明显，中国石油这一巨无霸需要庞大的原材料生产成品油，以应对同样庞大的石油消费需求。

新都酒店过高的应收账款

流动资产数额高，意味着其与流动负债的差额有可能较大，短期偿债能力较强。同时，存货往往占了流动资产的大半，这一实物资产转变为现金的能力较强。存货数据表达的是"现金—原料—半成品—成品—现金"的资产形态转化过程。

流动资产排名后20位的基本是ST上市公司，平均流动资产为2 879万元，新都酒店以4 438万元的流动资产位列其中。新都酒店2007年的年报显示，其货币资金近800万元，存货约1 300万元，占比最高的是应收账款，约有1 550万元。

酒店行业的特殊性导致流动资产的组成中存货小于应收账款。在新都酒店的应收账款构成中，单项金额最大的应收账款达到了70.6万元，占总额的4.14%。因为该账龄达3年以上，且查询不到工商注册登记，所以按100%计提了坏账准备。1年以内的应收款则超过95%，其中深圳市津龙腾实业发展有限公司欠款1 075万元，占比约63.08%。

2007年年报同时显示，新都酒店应收款期末余额较2006年12月31日期末余额增加了133.93%。

第五节　长期中的固定

与短期资产相对，长期资产指的是企业所购置的存续时间较长的，为企业经营而非销售给客户的资产。长期资产在大多数企业的资产负债表中是最大的资产类别。长期资产就好比长期预付的支出。例如，企业拥有一辆运输卡车，可以提供大约100 000公里的交通运输，这辆卡车的成本记入资产账户，事实上代表了对这些运输服务的预购。同样的，买一栋楼意味着对多年房屋需求的预购。随着时间的推移，这些预购服务被企业用尽，长期资产的成本也逐渐转移到折旧费用中。运输卡车、楼房等这些都属于企业的长期资产之一——固定资产。下面我们用会计核算的眼光，以一家企业财务会计人员的身份来窥探与固定资产折旧相关的账务处理。

企业的固定资产主要来自于以下方面：企业购买的不需要经过建造过程即可马上使用的固定资产，自己建造的固定资产，投资者投入的固定资产，融资租入的固定资产，在原有固定资产的基础上进行改建、扩建的固定资产，企业接受的债务人以非现金资产抵偿债务方式取得的固定资产，以资产交易换入的固定资产，接受捐赠的固定资产，资产清点多出来（称之为“盘盈”）的固定资产，经批准无须偿还便可调入的固定资产。

如果我们家里的家具用旧了，我们会用银行的存款来买一套新的，企业也是一样，企业的固定资产用过一段时间后也需要更换新的，所以企业一般按月将一定金额记入到费用中作为储备。那么为什么要记入到费用中呢？因为企业要抵消当期的利润，这样有利于企业节约税金。储备这些资金是为了更换已经破旧的固定资产，所以这笔费用我们称之为“折旧”，而这一会计记账方法称作“计提折旧”。企业一般应对所有固定资产计提折旧，但是也有例外，比如已提足折旧仍继续使用的固定资产、按规定单独计价作为固定资产入账的土地、以融资方式租出的固定资产、以经营租赁方式租入的固定资产可以不再计提折旧。已经达到可使用状态的固定资产，对于已经建造完成但还未办理竣工决算的，应当按照估计价值暂时估计记账，并计提折旧；待办理了竣工决算手续后，再按照实际成本调整原来的暂估价值，同时调整已经计提的折旧额。

因为要节省税金，固定资产计提折旧的方法也分成了几种，有平均年限法（直线法）、工作量法、加速折旧法（包括双倍余额递减法和年数总和法）。那么，为储备未来购置新固定资产的资金，企业如何利用这些折旧方法计提折旧呢？

首先我们来看平均年限法。平均年限法又称为直线法，是最简便、最常用的折旧方法，它是根据固定资产的原始价值减去预计净残值后，再除以折旧年限，以此计算固定资产年折旧额。其计算公式为：

$$\text{固定资产年折旧额}=\frac{\text{原始价值}-\text{预计净残值}}{\text{折旧年限}}=\frac{\text{原始价值}-（\text{预计残值}-\text{预计清理费用}）}{\text{折旧年限}}$$

也可以用下列公式计算固定资产年折旧额：

$$\text{固定资产年折旧额}=\frac{\text{原始价值}\times（1-\text{预计净残值率}）}{\text{折旧年限}}$$

预计净残值率等于预计净残值除以固定资产的原始价值，一般按照固定资产原始价值的3%～5%来确定。

采用平均年限法计算出的固定资产折旧额，在各使用年度中都是相等的，在坐标图中是一条直线，所以称为直线法。

【例】 某企业有房屋1幢，原值400 000元，预计使用年限20年，使用期满后，预计残值20 000元，预计清理费4 000元。其折旧额计算如下：

年折旧额＝（400 000－20 000＋4 000）÷20＝19 200（元）

月折旧额＝19 200÷12＝1 600（元）

然后我们一起来看工作量法。工作量法是根据固定资产所完成的工作量来计算折旧的一种方法，它一般适用于运输车辆、大型设备等。根据实际情况和企业的具体业务，该方法又分为两种，企业根据需要选择其中一种即可。

一种是按照行驶里程计算固定资产折旧额。它是以固定资产折旧总额除以预计使用期限内可以完成的总行驶里程，计算固定资产折旧额的方法。其计算公式为：

$$\text{单位行驶里程折旧额}=\frac{\text{原始价值}-\text{预计净残值}}{\text{预计总行驶里程}}$$

固定资产年折旧额＝单位行驶里程折旧额×年行驶里程

固定资产月折旧额＝单位行驶里程折旧额×月行驶里程

另一种是按照工作小时计算固定资产折旧额。这是以固定资产折旧总额除以预计使用期限内可以完成的总工作小时，计算固定资产折旧额的方法。其计算公式为：

$$\text{每小时折旧额}=\frac{\text{原始价值}-\text{预计净残值}}{\text{预计总工作小时}}$$

固定资产年折旧额＝每小时折旧额×年完成工作小时

固定资产月折旧额＝每小时折旧额×月完成工作小时

平均年限法和工作量法都属于直接法，企业普遍使用的还有加速折旧法。加速折旧法依据的是效用递减原则，即固定资产的效用随着其使用寿命的缩短而逐渐降低。因此，当固定资产处于较新状态时，效用高，产出也高，而维修费用较低，所取得的现金流量较大；当固定资产处于较旧状态时，效用低，产出也小，而维修费用较高，所取得的现金流量较小。这样，按照配比原则的要求，折旧费用应当随着时间呈递减的趋势。

不同的折旧方法会对资产负债表和损益表产生不同的影响。在直接法下，每年的折旧费用为一个固定不变的金额，固定资产账面净值每年以定额减少；在加速折旧法下，折旧费用和固定资产账面净值均呈递减状态。加速折旧法使折旧费用呈递减的动态，则企业缴纳的所得税便呈递增的状态，与直接法相比，所得税的现值总和就更低，这实质上可以使企业获得一笔无息贷款。两种典型的加速折旧法分别是年数总和法和双倍余额递减法。

年数总和法是加速折旧法之一，是将固定资产原值减去残值后的净额乘以一个逐年递减的折旧率来计算固定资产折旧额的一种方法。年数总和法的折旧率是一个分数，分子代表固定资产尚可使用的年数，分母则表示使用年数之和。如使用年限为 5 年，则年数总和为 1＋2＋3＋4＋5＝15。分子为尚可使用的年数：第一年为 5，第二年为 4，第三年为 3……年数总和法的计算公式如下：

$$各年的年折旧率=\frac{固定资产尚可使用年数}{固定资产使用年数之和}$$

各年折旧额＝（固定资产原值－预计净残值）×各年折旧率

【例】某企业一项固定资产价值 200 000 元，预计使用年限为 5 年，预计净残值为 6 000 元。则：

$$第一年应提折旧额=(200\ 000-6\ 000)\times\frac{5}{15}=64\ 666.67(元)$$

$$第二年应提折旧额=(200\ 000-6\ 000)\times\frac{4}{15}=51\ 733.33(元)$$

$$第三年应提折旧额=(200\ 000-6\ 000)\times\frac{3}{15}=38\ 800(元)$$

$$第四年应提折旧额=(200\ 000-6\ 000)\times\frac{2}{15}=25\ 866.67(元)$$

$$第五年应提折旧额=(200\ 000-6\ 000)\times\frac{1}{15}=12\ 933.33(元)$$

照此计算，5 年后固定资产剩余的账面价值为 6 000 元。

双倍余额递减法是根据期初固定资产账面净值乘以双倍余额递减法折旧率计算折旧额的方法。双倍余额递减法的折旧率按直线法折旧率的2倍确定。计算公式如下：

$$双倍余额递减法折旧率=直线法折旧率\times 2$$

$$年折旧额=\begin{matrix}固定资产年\\初账面净值\end{matrix}\times\begin{matrix}双倍余额递减法\\年折旧率\end{matrix}$$

采用这种折旧方法，由于固定资产的净值逐年减少，所以计算出的折旧额也是逐年递减。为了简化计算，我国现行会计制度规定，如果使用双倍余额递减法计提折旧，可在固定资产使用期限的最后两年，改用直线法计提折旧。

【例】某公司一台生产设备账面原值为160 000元，预计残值5 000元，预计使用年限为5年。

$$该项设备年折旧率=\frac{2}{5}\times 100\%=40\%$$

该生产设备各年的折旧额如表2-2。

表2-2　设备各年折旧情况表

年次	期初账面净值（元）	年折旧率	年折旧额（元）	累计折旧额（元）	期末账面净值（元）
1	160 000	40%	64 000	64 000	96 000
2	96 000	40%	38 400	102 400	57 600
3	57 600	40%	23 040	125 440	34 560
4	34 560	—	14 780	140 220	19 780
5	19 780	—	14 780	155 000	5 000

由于第4年年初账面净值34 560乘上年折旧率40%后的数值小于（34 560－5 000）÷2，因此第4年及以后改用平均年限法，第4、第5年两年的折旧额为：（34 560－5 000）÷2＝14 780（元）。

双倍余额递减法和年数总和法的不同之处在于：首先，在双倍余额递减法下，在规定折旧年限内需要进行方法的转换，即从倒数第二年起改用直线法；而采用年数总和法则不需要进行方法的转换。其次，在双倍余额递减法下，在不需要改用直线法折旧的各年，折旧基数（也就是计算折旧的对象）是固定资产净值，即固定资产原值减去累计已计提的折旧额，没有扣除预计的净残值；而采用年数总和法时，其折旧基数是固定资产应计提折旧总额，即固定资产原值减去预计净残值，已经扣除了预计净残值。最后，在双倍余额递减法下，在不需要改用直线法计提折旧的各年，它的折旧率是固定不变的，而与折旧率相乘的折旧基数是逐年递减的；采用年数总和法时，其折旧率是逐年递减的，而与折旧率相乘的折旧基数是固定不变的。

【例】

折旧游戏里藏利润

“如果管理者能够从一系列会计政策当中进行选择，那么可以很自然地预见他们将会选择使他们自己的效用最大和（或）公司市场价值最高的会计政策，这就称为盈余管理。”美国学者 W. Scott 的这一定义告诉我们，公司并非总是要想方设法增加账面利润。

事实上，即使是在造假成风的中国股市，也还有不少公司在尽量地隐瞒自己的真实业绩。深圳能源投资股份有限公司（000027，简称深能源）就是这样一家公司。通过分析对比可以发现，利用固定资产折旧方面的会计政策和会计估计，深能源隐瞒了数以亿计的利润。

方法独特的折旧

在我国，上市公司一般采用直线法（年限平均法）进行固定资产折旧，这是将固定资产的应计折旧额均衡地分摊到固定资产使用寿命内的一种方法。除了深能源，同为广东地区的电力行业上市公司的粤电力（000539）、广州控股（600098）和穗恒运（000531）都采用直线法计提折旧（在本文中，我们主要研究几家电力上市公司机器设备的折旧问题）。

深能源除了采用直线法计提折旧，下属的妈湾电力公司和西部电力公司的机器设备还按产量法计提折旧，即根据机器设备的价值、寿命期及预计售电量来确定其单位电量（千瓦时）的折旧额。

深能源的固定资产主要为机器设备，2004 年年末固定资产原值为 103.57 亿元，其中机器设备 71.26 亿元。从年报披露的相关数据来推测，机器设备中绝大部分为发电机组，如一号、二号机组设备的原值为 18.24 亿元，三号、四号机组为 20.41 亿元，五号和六号机组为 18.60 亿元（暂估值）。这样看来，深能源的大部分固定资产是采用工作量法计提折旧。深能源单位电量的折旧额自 2002 年以来每年都在发生变化，从而把其多计折旧、少计利润的手法暴露无遗。

2002 年，深能源一至六号机组的单位电量折旧额完全相同，其机器设备原值平均数为 62.16 亿元，折旧额为 6.96 亿元，折旧率为 11.20%，远远高于广州控股、粤电力和穗恒运的折旧率水平。如果我们知道深能源在折旧标准测算过程中所使用的机器设备寿命期和预计售电量，就可以用来和广州控股等作一个简单的对比，从而得知为什么会产生这么大的差距。然而很遗憾，深能源在年报中并没有披露这些数据，尽管《企业会计准则》明确规定企业应当披露各类固定资产的使用寿命、预计净残值和折旧率。

深能源披露了按直线法折旧的固定资产的使用年限为 10 年（2002 年度和 2003 年度）及 10～15 年（2004 年度），残值为 5%，那么，这个标准是否适用于按工作量法计提折旧的主要机器设备呢？答案是否定的。

深能源在 2003 年更改了一号、二号机组的单位电量折旧额，从 0.08 元下降到 0.004 4 元。降幅如此之大的一个原因是一号机组和二号机组在 2003 年进行了竣工决算，机器设备的原值原来暂估为 24.21 亿元，而竣工决算金额只有 18.24 亿元，这样每千瓦时单位折旧额从 0.08 元下降到 0.063 元，深能源已经据此对 2003 年以前的折旧额作了追溯调整。更重要的原因是妈湾电厂对一号、二号发电机组的使用寿命及其预计售电量进行了复核，对单位折旧额重新进行了计算。尽管深能源没有直接披露机组使用寿命的相关数据，但我们可以通过下面的方式来推算出大致的结果。

一号机组和二号机组分别是1993年11月和1994年11月投入商业运行的，到2002年年底已经分别运行了9年和8年。从会计数据来看，竣工决算后原值为18.24亿元，2003年以前按0.063元/千瓦时的标准应计提折旧15.30亿元，占原值的83.87%。考虑到设备还有残值，如果按原先预计的寿命，这两台机组恐怕很快就要寿终正寝了。然而，从复核后的结果来看，这两台机组正"年富力强"呢！假设这两台机组的残值率为10%，则还有1.116亿元［（18.24－15.30）－18.24×10%］要计提折旧，根据0.004 4元/千瓦时的标准，还可以发电254亿度，而按0.063元/千瓦时的标准计算，2003年以前计提的15.30亿元折旧所对应的发电量也不过243亿度。如果复核时预计的年售电量与原来相比并无大的改变，则这两台机组的寿命至少还有八九年，也就是说总寿命应该在20年左右，这个结果与粤电力和穗恒运披露的机器设备使用寿命基本相符。而如果按5%的残值率，则这两台机组更是还可以发电461亿度，结果会更惊人。

由此可以得出第一个结论：深能源没有披露或没有正确披露所有固定资产的使用寿命和预计净残值，这违反了《企业会计准则——固定资产》第33条。

税前利润被少计了

根据以上的计算结果，一号机组和二号机组在实际价值至少还有一半的时候，计提的折旧费却已经占了原值的83.87%，这还是2003年竣工决算调整后的数据，之前的会计数据则更为"稳健"！

有消息称，深能源投产以来为了尽快收回投资，采取了10年加快折旧的方法来计算电价，并且得到了政府相关部门的认可，然而，无论如何这不应该影响企业固定资产的真实价值。从国际上来看，很多美国公司尽管在报税时采取了加速折旧法，但年报中仍然采用直线法计算折旧费用。由此也可以得出第二个结论：深能源的会计数据没有反映企业的真实经营业绩。如果说20年是机组较为符合实际的预期寿命，则仅一号机组和二号机组2003年以前就虚增了7.65亿元的折旧费，而少计了相同金额的税前利润。

在一号机组和二号机组重新估计了使用寿命后，在证明其实际寿命远远超出最初预计的情况下，三至六号机组却仍然沿用以前的标准（三号和四号机组2004年单位折旧额降低是因为竣工决算调整固定资产原值）。也就是说，深能源仍然在高估当前的折旧费用。

从2002年一至六号机组具有相同的单位电量折旧额来看，这些机组的预期寿命相同或相差不远，而现在的账面上则是预计一号机组和二号机组的使用寿命为20年，三至六号机组预计使用寿命为10年。莫非深能源仍然想等到三至六号机组用了八九年后再调整预期寿命？如果是这样，1996—1997年投产的三号、四号机组也即将调整，而近来才投产的五号和六号机组就遥遥无期了。

表2-3　一号、二号机组竣工决算与暂估入账情况

（单位：万元）

	竣工决算金额	原暂估入账金额	调增（减）固定资产原值全部
生产用房屋建筑物	114 758	57 891	56 867
非生产用房屋建筑物	1 730		1 730
机器设备	182 377	242 109	−59 732
合计	298 865	300 000	−1 135

资料来源：深能源公司财务报告。

表2-4　一至四号机组（机器设备）竣工决算调整结果对成新度的影响

（单位：万元）

	竣工决算金额	原暂估入账金额	调增（减）金额
三号、四号机组：			
固定资产原值	204 138	215 337	−11 199
2004年前应提或已提折旧	139 053	157 615	−18 563
成新度	31.88%	26.81%	—
一号、二号机组：			
固定资产原值	182 377	242 109	−59 732
2003年前应提或已提折旧	152 964	195 285	−42 321
成新度	16.13%	19.34%	—

资料来源：深能源公司财务报告。

固定资产分类暗藏玄机

妈湾电力公司一号、二号机组投入运行后，固定资产总额按工程概算30亿元暂估入账，2003年才完成竣工决算工作，结果虽然与原暂估入账值的总金额差别不大，但在机器设备和房屋建筑物之间却是大增大减（见表2-3）。

深能源在暂估入账时，固定资产总额只多估了1 135万元，而机器设备却多估了5.97亿元，这样做的结果是什么呢？深能源的房屋建筑物按直线法计提折旧，预计使用年限是20年，折旧率远远高于机器设备的折旧率。这也造成在一号机组和二号机组竣工前，深能源实际上多计了折旧。也就是说，主要是因为固定资产分类差异，导致公司2003年以前少计了1.71亿元的利润。

和上述重新调整使用年限的措施类似，在竣工决算后，深能源调增了2003年年初的未分配利润1.71亿元。2004年深能源完成了三号、四号机组的竣工决算，基于相同的原因，调增年初未分配利润1.71亿元，然而这又引出了下一个问题。

"成新度"之疑惑

对于固定资产，用下面这个公式大概可以知道其新旧程度：

成新度＝（原值－累计折旧）÷原值

深能源对一至四号机组的竣工决算，应该不影响成新度。调整的是固定资产原值，这一点可从下面的公式中得到印证：

累计折旧＝原值×（1－残值率）×实际售电量÷预计售电量

这样，在成新度的公式中，原值一项将不影响计算结果。然而，从深能源两次竣工决算调整的结果来看，固定资产的成新度均有变化（见表2-4）。这意味着，在重新确定决算前应计提的累计折旧金额时，深能源对预计售电量、实际售电量或残值率还作了调整，而不仅仅是调整了固定资产原值，只是相关的调整公司并没有说明。这也是游戏的一种玩法吧！

第六节　长期中的无形

可口可乐总裁曾说过，可口可乐公司即使在一夜之间倒闭，只要有可口可乐这个品牌存在，他也能让可口可乐公司在一夜之间再建立起来。2007 年可口可乐品牌价值估计为 696 亿美元，居全球首位。说到这，大家应该很快就明白了无形资产到底对企业意味着什么，到底有多重要了吧！确实，在今天的信息导向社会中，公司的无形资产——品牌、市场地位、能力、组织知识等，在价值上常常会远远超过其实物资产。所以这个问题变成了：我们应该怎样对一家公司是在增长还是在减少的无形资产的价值进行追踪观察呢？由此围绕着无形资产产生了一系列的会计活动。

无形资产一词用来形容企业经营所用但没有实物形态的非货币资产，例如专利权、商标权、著作权、土地使用权、非专利技术以及商誉等，它是与有形资产相对而言的。应收账款或预付租金等流动资产不包括在无形资产类别中，即使它们也没有实物形态。类似于固定资产，无形资产自开始使用之日起，其成本在有效使用期内平均摊入产品成本。

$$年摊销额=\frac{无形资产原始价值}{规定的摊销年限}$$

在会计核算上，无形资产的摊销计入利润表中的“营业费用”项目，并同时直接冲减资产负债表里的“无形资产”项目的账上余额。除了固定资产和无形资产之外，我们在资产负债表中一定还会看到“递延资产”这一项目，对此常常会感觉陌生。其实，递延资产就是企业用来核算不能全部计入当年损益，而应当在以后年度内分期记入费用或产品成本的各项费用的一个科目，核算的内容包括企业开办费、金融债券发行费用、以经营租赁方式租入的固定资产改良支出、摊销期超过 1 年的修理费以及摊销期超过 1 年的其他待摊费用等。

这里我们特别介绍开办费，即企业在筹备、建设期间实际发生的各项支出费用，主要包括筹建期间工作人员的工资、办公费、差旅费、职工培训费、印刷费、律师事务费、注册登记费，以及不计入固定资产和无形资产购建成本的汇兑损失。筹建期间下列费用不应包括在开办费内：应由投资者负担的费用支出，为取得无形资产、固定资产所发生的支出，筹建期间应计入“工程成本”的利息支出。企业筹建期间发生的汇兑损失与汇兑收益相抵后，如为收益，可计入资本公积，也可留待弥补以后年度发生的亏损，或者留待以后并入企业的清算损益。开办费从企业开始营业之日起分期记入营业费用，摊销期不得短于5年。

企业作为承租方，通过经营租赁的方式租入固定资产，如果对其进行改良和改造，所发生的费用支出应由承租方负担；而在租赁期满时，改良工程上的设施归出租人所有。因此，承租人只获得了在租赁期限内改良工程所提供效益的无形权利。承租方以经营租赁方式租入的固定资产改良支出，按照租赁期限和固定资产的使用寿命孰短的原则分期摊销，计入费用，抵减各月的收入。

第七节　流动资产 VS 长期资产

流动资产和长期资产之间的隐秘关系，如同一个人的身体和灵魂的关系。那么，是不是非流动资产占比高，企业便无强大的财力保障呢？这个问题没有绝对的是与否。保守型资产结构的企业，流动资产占总资产的比例较大。在这种资产结构下，企业资产流动性较好，从而降低了风险，但是收益水平较高的非流动型资产比重较小，企业的盈利水平也可能降低。风险型资产结构的企业反之。

据有关资讯统计，非流动资产占总资产比例最高的50家上市公司主要分布在港口、航空、高速公路、电力等行业。其中，荣华实业（600311）的非流动资产比例高达98%，名列第一。年报显示，荣华实业非流动资产的主要组成部分为在建工程、工程物资，分别达到 4.8 亿元、5.8 亿元。其中，工程物资主要由房屋、建筑物、机器设备、运输设备、电子设备等组成。这样一个生产型企业，其存货仅为 1 000 万元，与非流动资产规模相去甚远。与荣华实业类似的如长江电力、中国国航，它们的非流动资产占比也都超过 90%。前期投入大，回收时间长，是大多数非流动资产占比较高企业的特点。

非流动资产占比最低的 20 家企业主要被地产企业占据，包括保利地产（600048）、中江地产（600053）、栖霞建设（600533）、万通地产（600246）等。其中，保利地产的非流动资产占比仅 1%，只有 2.7 亿元；流动资产占比 99%，高达 406 亿元。年报显示，保利地产存货高达 280 亿元，占流动资产总额的约 3/4。非流动资产的主要组成者为固定资产，规模仅为 1.4 亿元。一般来说，地产企业的存货主要包含开发成本、开发产品等。开发用土地列入“存货—开发成本”一项，而开发的产品即随处可见的楼宇。这类企业的关键是销售存货，循环开发，但是它们手中的“存货—开发成本”却并不是那么容易周转的。

第三天　分析负债

◆第一节　负债的家族

◆第二节　负债的分门别类

◆第三节　解密负债

第一节　负债的家族

西方人似乎总是给人以潇洒自由的感觉，但是，你想到过吗，起码在经济上，他们绝大多数都是过着负债的生活的。在中国人的传统观念里，负债是一个可怕的字眼，所以如果用此观念来形容西方人的生活的话，他们是过着可怕的日子的。

首先，是房屋贷款。在西方，人们是不会等到积攒到足够的现金以后再买房子的，用他们的话来说，那要等到什么时候呢，而且也不合乎经济法则，因为在攒钱的同时你要租房子住，那不就等于把自己的钱扔进大海里去了吗？当然在没有足够多的现金的情况下买房子，唯一的方法就是贷款了。一般来讲，30 万美元的贷款，按照 20 年付清，每个月就要付大约 1 800 美元，如果你不按期付贷款的话，贷款公司是有权拍卖你的房子的。

所以，西方人的生活并不像很多人想象的那么潇洒，但是当然也不像中国人观念里的杨白劳一样可怜。债务在西方人的生活里既是负担也是自由，如果你运用得当的话，它的确可以给你很大的自由空间；但是如果你把贷款和信用当成今朝有酒今朝醉的条件，那你就会真的成为信用的奴隶了。

同样的，对于企业来说，如果能够很好地利用负债的话，不但可以取得资金，更重要的是还可以获得利润，即利用别人的资金制造自己的资金。那么，企业的负债指的是什么呢？

每家企业都需要筹集资金以满足生产营运和新投资项目的需求。企业的资金来源分为两大部分：一部分是企业所有者注入的资金，称之为所有者权益；另一部分是从银行等债权人那里借入的资金，称之为债权人权益，即负债。借入资金的形式包括：公司在生产经营中占用的其他交易方的资金；公司向银行借得的款项；公司应该发放但尚未发放的工资；公司应该上缴但尚未缴纳的税款；公司发行债券，从债券投资者处取得的资金等。公司因上述活动而承担的偿还责任与义务，构成了公司的主要负债。

负债按照债务的流动性强弱，可以划分为流动负债和长期负债两大部分。划分流动负债和长期负债的一个标准是偿还债务的时间。企业会计制度规定以1年或者超过1年的一个营业周期作为划分流动负债和长期负债的界限，在1年或者超过1年的一个营业周期内偿还的负债为流动负债，将偿还期在1年或者超过1年的一个营业周期以上的负债作为长期负债。营业周期是指企业在正常的生产经营过程中从取得存货、购买劳务一直到销售商品和劳务，最后收取货款和劳务款这一时间跨度。通常，商业企业的营业周期较短，制造业的营业周期较长。而且，企业对资金的需求通常并不稳定，具有一定的周期性。当企业预测未来的资金需求将上升时，或由于经营活动的周期性或季节性而出现资金需求时，短期融资就成了解决这些需求的一个较佳途径，也是企业营运资本主要的资金来源。

第二节　负债的分门别类

在前一小节中我们已经介绍了负债的内涵，并且了解了负债有两大部分——流动负债与长期负债，下面我们来看流动负债具体都包含了哪些项目，是怎样分门别类的。不同的分类方法，对流动负债的理解有所不同。按偿付金额是否确定，流动负债可划分为偿付金额确定的流动负债、偿付金额视经营情况而定的流动负债、偿付金额需要估计的流动负债和或有负债。

偿付金额可以确定的流动负债指根据合同或法律规定，在到期日前必须偿还，并具有确定数目的流动负债，如短期借款、应付票据、应付账款、预收账款、应付工资、预提费用、应付股利等。我们可以对照资产负债表逐一来了解表内负债各相关项目的具体内涵。

短期借款指借入期限在1年以下的各种借款，包括从银行借入的、从财政部门借入的、从其他金融机构借入的短期借款等。企业发生的这些借款都应当记入本科目，以核算发生额和借款归还情况。

应付账款指企业因购买材料、商品和接受劳务供应等而应支付给供应单位的款项。一般来说，应付账款按照应付金额即发票账单所列金额计价入账。企业在购货时由供应单位代垫的运费也应计入应付账款。但如果应付账款中含有现金折扣，则应考虑现金折扣。在有现金折扣时，应付账款入账金额的确定方法有总价法和净价法。在总价法下，应付账款应按发票上记载的金额入账，不扣除任何折扣。如果企业在折扣期内付了货款，取得了现金折扣，则将其视为提前付款取得的利息收入，冲减财务费用。在净价法下，应付账款应按发票上记载的金额扣除最大现金折扣后的金额入账。在我国，销货方不能将发生的现金折扣抵减增值税销项税额，因而购货方也不应抵减增值税进项税额，而应抵减购货成本。

应付票据用于专门核算企业对外发生债务时所开出、承兑的商业汇票，包括银行承兑汇票和商业承兑汇票。应付票据与应收票据是一组对应的科目，前者核算企业收到他人外支或转让的商业汇票，后者核算本企业开出的票据。与应付票据相关联的是应付账款科目，两者在核算内容上有较大区别。应付账款用于核算除采用票据结算方式以外的营业性应付款项。但是，当企业开出的商业汇票到期无力支付时，则这一款项就应当从应付票据转入应付账款。

预收账款指企业在销售商品或提供劳务之前，根据购销合同预先向购货单位收取货款。向购货单位预收的货款形成企业的一项负债，该项负债将以商品或劳务偿还。当企业发出商品或提供劳务后，该项负债就转化为收入。如果企业预收账款发生的次数不多，为了简化账户设置，也可以不设预收账款账户，而将预收的货款并入应收账款账户核算。

预提费用指企业在经营活动中，有的费用发生的时间与实际支付时间可能会有差异，造成时间上的不一致，但是为了贯彻权责发生制原则，并将收入与成本费用配比，就有必要通过这一账户来实现费用的均衡分配，使费用的发生期间（即受益期间）与费用的计算时间相一致。预提费用就是指企业预先计提的已经发生而尚未实际支付的费用，它是在费用发生时就通过预提的方式先计入有关成本费用之中，等到实际支付时冲减预提费用，而不再计入有关成本费用。企业需要预提的费用主要有：租金、保险费、借款利息、修理费用等。

应付工资指企业欠职工的应该支付的工资总额，包括工资总额内的各种工资、奖金、津贴等。

应付股利指企业取得净利润以后，应分配给投资者的现金股利或利润。

偿付金额视经营情况而定，流动负债指债务的金额必须根据企业一定时期的经营状况到年末才能计算确定的流动负债，如应交税金、应付股利等。应交税金是企业根据税法规定计算的应缴纳的各种税款，如增值税、消费税、营业税、所得税、资源税、土地增值税、城市维护建设税、房产税、土地使用税、车船使用税、个人所得税等。为了核算应交税金的形成和缴纳，各企业应设置“应交税金”科目，并按照应交税金的种类设置详细的下一级子科目，进行明细分类核算。

偿付金额需要估计的流动负债是指这类负债虽然发生于过去已完成的业务并确实存在，但无确切的应付金额，有时偿付日期和收款人也无法确定，企业必须根据已掌握的资料，凭借以往的经验予以合理估计，如预提费用等。

最后还有一类特殊性质的负债——或有负债，它是指负债的发生与否尚不确定，需取决于未来某一或更多事项是否发生，如未决诉讼、应收票据贴现和信用担保等。

除了按照偿付金额是否确定对流动资产分门别类，我们在分析企业负债时还可以按照其形成原因将其划分为融资活动形成的流动负债、营业活动形成的流动负债和收益分配形成的流动负债。企业从银行或其他金融机构筹集资金时所形成的流动负债项目就是融资活动形成的流动负债，包括短期借款、短期债券以及1年内到期的长期负债等。企业在正常的生产经营活动中所形成的流动负债就是营业活动形成的流动负债，具体包括应付票据、应付账款、预收账款、应付工资、应付福利费和预提费用等。另外，企业在对所实现的净利润进行分配的过程中形成的各种负债项目有应付股利和应付利润等。

应付福利费是企业按工资总额和规定的比例（现行财务制度规定为工资总额的14%）提取的福利费。外商投资企业按规定从税后利润中提取的职工奖励基金及福利基金，以及用于职工集体福利的资金也在应付福利费科目内核算。有的企业对职工福利费的开支、管理不善，长期出现赤字，就采用超比例提取福利费的方式进行弥补；有的企业本年度效益较好，就采用增大福利费的做法，调节利润。这些做法都是错误的，经税务机关核查后，将受到处罚。应由福利费列支的费用包括：职工医药费、医疗费、专设医疗机构人员的工资；生活福利部门人员的工资；职工生活困难补助费；集体福利设施以及食堂炊具的购置及维修费用。

总的来说，会计记账和编制报表中都是以这些科目“语言”来说话，科目就好比对某一类业务活动、项目进行分类后的标签，懂得了这些负债科目所表达的意思，才能很好地分析企业报表数字背后的“故事”。

第三节　解密负债

我们在流动负债这个名字下面所见到的所有科目标签，不管它有多少项目，都要想到，这些债务在1年内都是需要还的，同时我们可以知道哪些是欠银行的（短期借款），哪些是欠供应商的（应付账款和应付票据），哪些是欠客户的（预收账款），哪些是欠职工的（应付工资和应付福利费），哪些是欠国家的（应交税金）。这些短期债务都很好理解，那么长期债务呢？

举借长期债务是公司筹集长期资金的一个重要手段。公司的长期负债包括长期借款、应付债券、长期应付款。长期借款是指公司向银行等金融机构借入的期限超1年的各种借款。应付债券是指公司为筹集长期资金而发行的1年期以上的各种债券。长期应付款是指公司发生的除了长期借款和应付债券以外的长期负债，包括应付补偿贸易引进设备款、融资租入固定资产应付款等。

从财务利益上看，由于长期借款的债权人只能获得按固定利率计算的利息，而对于公司扩大经营后增加的利润，债权人不能参与分配，所以，如果公司经营所得的投资利润率大于长期借款的固定利率，原来的股东就能得到更多的盈利。如有外部投资者投入资金则稀释了每股盈利，对原股东不利。另外，由于举债所支出的利息在缴纳所得税时是可以记作当期费用（用于固定资产建设的除外）在应税所得额中扣除的，而公司对股东分配的红利则在所得税后分配，不能扣除，因此，举债可使公司少交部分所得税，从而增加了股东收益。通过发行债券筹集资金，原股东无须增加投资就可以保持原来的股权比例；而如果发行新股票，那么原来的股东必须按原比例取得新股票，才不至于减少他们原来所占有的股权比例。对于投资人来说，由于债权人没有参加公司经营管理的选举权，因而，采用发行债券方式筹资，原股东仍可保持对公司的管理控制权。

但是，对于公司来说，债券利息是一项固定的费用和法定的债务，而股利则不是，因而，如果投资后利润率低于利息率，则举债将导致企业损失。而且，债券到期时必须予以偿付，公司必须为债务的清偿做好准备；而股票则无到期日，没有偿还期限。

公司通过举债来增加股东收益是在运用财务杠杆作用。如果借入资金的运用所取得的盈利大于借款的成本，那么对股东来说就是有利的财务杠杆；反之，当借款成本超过取得的盈利时，则为不利的财务杠杆，因为正常情况下可供股东得到的盈利不得不用于弥补举债所花费的成本，从而使股东盈利减少。

第四天　细数权益

◆第一节　权益的组成

◆第二节　识破权益的迷局

第一节　权益的组成

所有者权益，也就是股东权益，说的是企业所有者对企业净资产的要求权。所谓净资产，在数量上等于企业全部资产减去全部负债后的余额，这可以通过对会计恒等式的变形来表示，即：

所有者权益＝资产＋负债

所有者权益（即股东权益）主要分成普通股股本、溢价以及保留盈余三部分。普通股股本是指已流通在外的普通股股权的账面价值。企业通过发行股票的方式筹集资本，股票的面值与股份总数的乘积即为股本，股本应当等于企业的注册资本。例如，某公司的普通股每股股票面值为0.1元，流通在外的股数有41.7亿股，因此该公司的普通股股本为4.17亿元。上海、深圳交易所发行的股票法定票面面值为每股1元人民币，倘若一个上市公司流通在外的股数为1亿股，则该公司的股本为1亿元人民币。股本主要是法律的概念，而不是经济的概念。公司上市后，根据获利情况的优劣，每股的市价可以远高于或远低于股票面值。股票发行时，所收取的投资款超过面值的部分，也就是投资人实际缴付的出资额超出其资本金的差额，就叫做股本溢价。例如，企业若以每股4元人民币上市，其溢价即为3元（股票面值统一为每股1元）。至于为什么会产生股本溢价，是因为股份有限公司是以发行股票的方式筹集股本的，根据国家有关规定，股份有限公司的股本总额应该与注册资本相等，而且应当等于股票的面值与股份总数的乘积。我国目前只允许发行有面值的股票，并且股票面值统一为每股1元。

由于股票面值是确定的，股票发行规模在我国一般也是事先确定的，在这种情况下，如果投资者看好企业的发展前景，踊跃认购股票，就会导致股票的发行价格高于股票面值，即出现股票溢价发行的情况。股票溢价发行的原因是多方面的，其中有资金供求关系的原因，有不同投资者对股票价值的评估不同的原因，也有补偿原投资者在企业、资本公积和留存收益中享有的权益以及补偿未确认的自创商誉的原因等。当股票溢价发行时，企业取得的超出股票面值的溢价收入，在扣除了因发行股票而支付的发行手续费及佣金后的净额作为股本溢价确认为资本公积。而当股票按面值发行时，所得股款全部计入股本，不产生股本溢价。

保留盈余是股东权益的一大部分，指企业历年来在生产经营活动中所实现的净利润尚未以现金股利方式发还给股东、仍保留在企业的部分。例如，2008年，迪达公司的保留盈余高达490亿元，占总资产的36%左右；它也是股东权益中金额最大的项目，占股东权益的92%左右。保留盈余的主要来源是每年净收益的转入，其用途主要有：董事会宣布发放股利的转出；董事会决定将其资本化，直接转入股本；弥补经营亏损的转出；按规定提留作为储备基金；拨付作为收回优先股的转出。

我们在资产负债表上看到的所有者权益分为投入资本、资本公积、盈余公积和未分配利润四种，根据的是经济内容。

投入资本是投资者实际投入企业经济活动的各种财产物资，包括国家投资、法人投资、个人投资和外商投资。国家投资是有权代表国家投资的部门或者机构以国有资产投入企业的资本；法人投资是企业法人或其他法人单位以其依法可以支配的资产投入企业的资本；个人投资是社会个人或者本企业内部职工以其合法的财产投入企业所形成的资本；外商投资是国外投资者以及我国香港、澳门和台湾地区投资者投入的资本。

资本公积是通过企业非营业利润所增加的净资产，包括接受捐赠、法定财产重估增值、资本汇率折算差额和资本溢价所得的各种财产物资。接受捐赠是指企业因接受其他部门或个人的现金或实物等捐赠而增加的资本公积；法定财产重估增值是指企业因分立、合并、变更和投资时，资产评估或者合同、协议约定的资产价值与原账面净值的差额；资本汇率折算差额是指企业收到外币投资时由于汇率变动而发生的汇兑差额；资本溢价是指投资人缴付的出资额超出其认缴资本金的差额，包括股份有限公司发行股票的溢价净收入及可转换债券转换为股本的溢价净收入等。假定几个人一起注册公司，一共拿出180万元注入企业，但他们到工商局只注册150万元，如果问此时此刻一共有多少资产，回答是180万元。但要把180万元一分为二，在工商局注册的那笔钱，叫实收资本（150万元），超过注册资本的那部分，叫资本公积金（30万元）。其实180万元都是投资者注入进来的，但是把它一分为二，目的是和我国注册资本政策保持一致。

盈余公积是指企业从税后净利润中提取的公积金。盈余公积按规定可用于弥补企业亏损，也可按法定程序转增资本金。一般盈余公积分为两种：一是法定盈余公积。上市公司的法定盈余公积是按照税后利润的10％提取，法定盈余公积累计额已达注册资本的50％时可以不再提取。二是任意盈余公积。任意盈余公积主要由上市公司按照股东大会的决议提取。法定盈余公积和任意盈余公积的区别就在于其各自计提的依据不同，前者以国家的法律或行政规章为依据提取，后者则由公司自行决定提取。未分配利润就是企业未进行分配的利润，它在以后年度可继续进行分配；在未进行分配之前，属于所有者权益的组成部分。相对于所有者权益的其他部分来说，企业对于未分配利润的使用有较大的自主权。从数量上来看，未分配利润是期初未分配利润加上本期实现的净利润，减去提取的各种盈余公积和分出的利润后的余额。上市公司报表中的“未分配利润”明细科目的余额，反映上市公司累计未分配利润或累计未弥补亏损。上市公司实现的净利润不予以全部分完，剩下一部分留待以后年度进行分配，这样，一年年地滚存下来，结余在“未分配利润”明细科目上，反映了历年累计的未分配利润。同样道理，上一年度未弥补的亏损留待以后年度弥补，以后年度又发生亏损继续滚存下来，结余在“未分配利润”明细科目上，它反映的是历年累计的亏损，记为负数。

对于盈余公积和未分配利润，我们用一个例子来说明。假设我们投资了某家企业，到了年末，企业实现净利润100万元，如果一概不分配的话，这100万元是我们股东的，是属于所有者权益，是企业的未分配利润。但是如果我们按照公司法的规定进行分配，比如说拿出 10 万元做法定盈余公积，这个 100 万元就一分为二，有 10 万元叫盈余公积，另外不安排分配的 90 万元叫未分配利润。而这 100 万元其实都是我们在经营过程中赚的钱，也就是企业的积累。

第二节　识破权益的迷局

所有者权益反映的是企业所有者对企业资产的索取权，负债反映的是企业债权人对企业资产的索取权，两者在性质上有本质区别。总的来说，所有者权益自身具有下面三个重要特性。

特性一：与投资人的投资行为相伴而生

不论投资人是国家、企业，还是个人，其权益在性质上都是相同的，数量上的差别则取决于其投资额的大小。在投资人的投资行为结束后，其权益就取决于企业的经营状况和企业的利润分配方案。如果企业在经营中实现了利润，所有者权益将随之增长；如果发生了亏损，则所有者权益将随之缩减。从这个意义上讲，企业的所有者对企业的经营活动承担着最终的风险，当然，他们同时也享有着最终的权益。

特性二："留剩权益"

所有者权益的数量除了在投资人投入资本时保持不变以外，在企业存续期间的任一时点，都不是对其直接进行计量的结果，而是按照一定的方法计量资产和负债以后所形成的结果，即所有者权益等于资产总额减去负债总额。因此，所有者权益从本质上讲是一种“留剩权益”，也就是投资人对企业资产中满足了债权人的要求权之后剩余部分的权利。

特性三：要求权排名倒数

同样是对企业资产的要求权，但所有者权益的要求权不仅在顺序上滞后于债权人的要求权，而且这种要求权的实现也与债权人不同：债权人的权益必须在规定的时间内偿还，而所有者权益只在所投资的企业破产清算时，于债权人之后有要求权，即企业财产在偿付了破产费用、债权人的债务等以后，如有剩余，才可能还给投资者。在企业持续经营的情况下，一般不能收回投资。

除此之外，所有者权益与债权人权益进行比较，还具有以下四个方面的区别：

（1）所有者权益在企业经营期内可供企业长期、持续地使用，企业不必向投资人返还资本金；而负债则须按期返还给债权人，成为企业的负担。

（2）企业所有人凭其对企业投入的资本，享受分配税后利润的权利，所有者权益是企业分配税后净利润的主要依据；而债权人除按规定取得股息外，无权分配企业的盈利。

（3）企业所有人有权行使企业的经营管理权，或者授权管理人员行使经营管理权；而债权人并没有经营管理权。

（4）企业的所有者对企业的债务和亏损负有无限的责任或有限的责任；而债权人对企业的其他债务不发生关系，一般也不承担企业的亏损。

第五天　解读利润

◆第一节　利润表的含义
◆第二节　编报基础
◆第三节　单步式和多步式
◆第四节　利润的源头——收入
◆第五节　收入的代价——费用
◆第六节　多收的三五斗

第一节　利润表的含义

利润表实际上可以比喻为对企业的经营情况所录的一段录像，这段录像有起点和终点，而利润表所要描述的就是从起点到终点的这个过程。在这个过程当中，要记录的并不是所有的内容，而是这一期间发生了多少收入和多少费用，这段时间企业是盈利还是亏损，这是利润表所要讲述的基本内容。

利润表又称损益表，它反映了在一段时期内企业实现的全部利润或亏损的总额，以及净利润或净亏损是如何形成的。它是依据会计要素中的后三个要素——收入、费用、利润来构建的，是上市公司最基本的财务会计报告构成文件之一。利润表的目的在于衡量企业经营究竟是“净利”，还是“净损”。净利是指特定期间内企业财富的增加，净损则是指特定期间内企业财富的减少。企业在生产经营中不断地发生各种费用，同时取得各种收入，收入减去费用，剩余的部分就是企业的盈利，取得的收入和发生的相关费用的对比情况就是企业的经营成果。企业如果经营不当，发生的生产经营费用超过取得的收入，企业就发生了亏损；反之，企业就能取得一定的利润。会计部门应定期（一般按月份）核算企业的经营成果，并将核算结果编制成报表，这就是利润表。

现在来思考下面的例子吧！

【例】迪达公司于 2008 年 1 月 1 日买进建筑物一栋，共花费了 2 亿元；2008 年 12 月 31 日时，根据不动产鉴定的结果，该建筑物的市场价值约为 3 亿元。试问：2008 年迪达公司是否有净利？

这个问题可以从两个角度思考：从经济学的角度来看，迪达公司的确有净利。由于迪达公司买进的建筑物市值由 2 亿元增加到了 3 亿元，因此 2008 年的净利（财富的增加）为 1 亿元。但从会计学的角度来看，迪达公司并无净利，因为该建筑物并未出售，没有客观证据显示财富增加了 1 亿元。

这两种观点各有支持者，其中最大的分歧点在于：经济学重视市场状况表达，不特别关心衡量误差；相对的，会计学着重客观性，希望避免因为主观评估市价造成可能的衡量误差与人为扭曲。那么，应该如何具体地计算净利所代表的“财富增加”呢？可以用净利润的操作等式表述，即：

净利润＝收入－费用

前面介绍了许多关于利润表的内容，那么利润表的价值究竟在哪？企业定期编制利润表，对内向企业管理部门报告，同时也要向外部的有关部门和人员报告。编制利润表对企业、投资者及其相关人员来说，具有重要的作用：一方面，利用利润表中的财务信息，可以帮助了解和分析企业的经营成果和获利能力。利润表通过对收入和成本费用情况的反映，可以提供企业在一定期间内的收益情况、成本费用情况，以及资金的投入与产出的比例关系，从而可以了解企业的经营业绩和财务成果，了解企业获利能力的大小、偿债能力的大小。企业的偿债能力虽然取决于企业的营运资金，但归根到底，取决于企业获利能力的高低。因此，利润表提供的经营成果信息，对于广大投资者来说，可预测、评价企业的获利能力，据此作出是否投资、是否增加投资、投资多少、投资于哪个方向或是否收回投资的决策。

对经营管理者来说，利用利润表中的财务信息，可以为进行未来经营决策提供依据。通过比较、分析利润表中各项构成因素，并与以前各期相比较，可以反映出企业各项收入、费用和利润的消长升降趋势及其变化幅度，找出原因所在，发现经营管理中存在的问题。同时，还可以分析企业利润的形成结构，对利润进行结构分析，为企业的经营决策、投资决策、筹资决策提供依据。

除此之外，利用利润表中的财务信息，我们还可以大致地预测企业未来经营的盈利能力和发展趋势。因为利润表比较完整地提供了企业在一定时期的营业利润、投资净收益和营业外收支等有关损益的情况，是企业进行财务分析的主要资料来源，如净资产收益率、成本费用利润率、主营业务利润率中的许多数据都与利润表有关。通过对前后期企业营业利润、投资收益和营业外收支的增减变动情况进行分析，可以预测企业未来的获利趋势。对企业利润总额的增减变化分析，可以判断企业利润变化的趋势，预测企业未来的盈利能力。

而且，利润表还是国民收入计算的主要资料来源，它对国家的宏观国民经济核算也有着非常重要的作用。同时，根据利润表中的利润项目与现金流量表中的现金净流量数额进行比较，能够更进一步了解企业获取利润与收取现金的真实性。可见利润表的重要性有多大。

第二节　编报基础

企业的财会人员在财务报表核算和编制中，对于收入和费用的确认可以采用两种方法：收付实现制和权责发生制。在收付实现制下，企业只有在实际收到现金时才可以在账户中确认收入（支票，一般也可视为现金的一种形式，除非其价值存在着不确定性）；同样，企业也只有在实际支付现金时才可以在账户中确认支出。采用收付实现制进行核算，既有其合理之处，也有其不足之处。而利润表所采取的计量基础是权责发生制。这里的权责发生制，基本特点是凡是企业应该入账的收入，拿到钱要做收入，拿不到钱也得做收入，并且要反映到利润表中。凡是应该属于本期的费用，钱花出去做费用，没有花出去，也应该作为企业的费用，这就是权责发生制。比如说，按照权责发生制的理解，产品销售出去以后，可以形成收入，但是可能拿到钱，也可能拿不到钱；在利润表中所反映的费用已经反映到利润表中，而这笔费用可能已经支付了，也可能还没有支付。因此，它们的计量原则就是只要应该收或应该付，符合这个标准就可以了。

收入应在其实际实现时加以确认，这里所谓的“收入实现时”，是指企业提供劳务或发出商品的时点。企业究竟在哪个会计期间（当期、前期或后期）收到现金，对收入确认的时间并没有任何影响。采用权责发生制的目的主要有两个方面：一是为了记录并报告企业在一定期间内已实现的收入（如销售收入、租金收入、利息收入以及特许权收入)；另一个是报告该期间内发生的与收入相匹配的费用。所有这些都是为了反映企业一定期间内的收入实现情况。然而，企业一定期间内的收入额与企业该期间的现金流入额，可能没有联系或者说联系甚小。这也就是会计学发展出的两套不同方法，一种叫“现金基础”，另一种叫“应计基础”。在现金基础下，收入及费用的定义如下：

收入——当营业活动收到现金时承认收入，例如收取顾客货款时。

费用——当营业活动支付现金时承认费用，例如支付供应商货款时。

【例】2008 年 9 月 1 日，迪达公司进货一批，计 5 亿元。

2008 年 12 月 1 日，迪达公司赊销该货品给客户，计 6 亿元。

2009 年 1 月 15 日，迪达公司向客户收取货款，计 6 亿元。

在现金基础下，迪达公司 2008 年净损失 5 亿元，因为 2008 年迪达公司尚未收到现金，所以收入为零；而同年迪达公司有 5 亿元现金的进货支出，所以费用是 5 亿元。相对的，迪达公司 2009 年的净利则为 6 亿元。迪达公司 2009 年回收应收账款，在现金基础下，收入为 6 亿元；由于当年没有任何现金支出，所以费用为零。迪达公司的净利因现金出账及入账时点的落差，产生了 2008 年亏损 5 亿元、2009 年却大赚 6 亿元的巨幅变动。由此可知，以现金基础作为绩效评估的合理性让人质疑。

再者，现金基础下的净利润容易受人为操纵的影响。例如，经理人要求顾客应在次年 1 月 1 日偿还的款项，提前在当年 12 月 31 日支付；或要求供应商应在年底支付的货款，改在次年 1 月 1 日才支付。如果是心怀不轨的经理人，年底时利用提早一天收款、延迟一天付款的手法做账，那么在现金基础下，获利数字就会暴增，失去了绩效评估的价值。

鉴于现金基础的限制，在应计基础下，是把公司绩效评估的重心放在经济事件是否发生上，而不管现金收取或支出的时点。在应计基础下，收入及费用的定义如下：

收入——当营业活动造成所有者权益增加时，承认有收入，例如在提供顾客货品或服务之后。

费用——当营业活动造成所有者权益减少时，承认有费用，例如承认货品的销售成本。

但是，在应计基础下，承认收入或费用时，公司不一定有现金的流入或流出。

【例】 2009年1月15日，喜洋洋航空公司收到顾客购买往返美国的机票款5万元，该名顾客预定同年3月1日启程赴美。在1月15日时，这笔机票款可否算是喜洋洋公司的收入？

答案：否。

在现金基础下，航空公司应确认5万元为收入，因为航空公司已取得现金。然而，在应计基础下，航空公司不应确认5万元为收入。

在应计基础下，确认收入必须满足两大条件：

(1) 赚得：公司的货物已经送达或服务已经提供，则公司“赚得”这笔收入。

(2) 实现：提供给顾客的货物或服务，公司预期能收回现金，这笔收入才算是“实现”。

在这个例子中，由于喜洋洋公司尚未为顾客提供航空服务，并不符合“嫌得”原则，因此公司收取的5万元还不能算是收入，反而应确认为负债（属于顾客的预付款项目）。

类似的例子十分常见，例如，加盟店开张营业前支付给总公司的加盟金，不能算是总公司的收入，因为总公司尚未为加盟店提供相关服务。同理，健身俱乐部收取会员的预缴会费（一次可能长达3～5年），也不能视为收入。这些项目应该视为“未实现收入”，属于负债性质，只有在提供货物或服务给顾客后，公司才能正式确认为收入。

了解“嫌得”原则后，我们再来看看“实现”原则。

【例】 阿房达建设公司为顾客进行的修缮工程在2009年1月15日已经完成，工程款为2 000万元。该顾客不久前宣布破产，试问阿房达建设公司能否确认这2 000万元为收入？

答案：否。

由于阿房达建设公司已提供修缮服务，因此符合“赚得”原则。然而，该顾客已经宣布破产，显示公司的现金回收有重大疑虑，不符合“实现”原则。因此，这笔 2 000 万元的工程款，不能确认为阿房达建设公司 2007 年的收入。

与阿房达建设公司工程款事件类似的，还包括下列情形：对财务状况正常的顾客，银行会按月或按季承认利息收入，尽管此时顾客可能尚未缴纳现金；对财务发生困难的顾客，银行则必须等待实际缴纳利息后，才能承认利息收入。

第三节　单步式和多步式

利润表都有自己统一的格式，并通过它来反映企业经营成果。目前世界各国采用的利润表的基本格式主要有单步式和多步式两种。

单步式是将全部收入（包括投资收益和营业外收入）按顺序排列汇总，然后将所有费用（包括投资损失和营业外支出）按顺序排列汇总，两者相减得出本期利润。因为只有一个相减的步骤，所以称为单步式。单步式利润表实际上是将“收入－费用＝利润”这一会计基本等式表格化。其简化格式如表 5-1 所示。

单步式利润表所表示的都是未经加工的按性质分类的原始资料。其优点是比较直观、明了、简单，又易于编制，而且，这种格式对一切收入和费用同等对待，不分先后，可避免使人误认为收入与费用的配比有先后顺序。其缺点是一些有意义的资料无法直接从利润表中看出来，如主营业务利润是多少，其他业务利润是多少，不便于分析利润的形成结构，也不利于不同时期各种项目的前后比较。

表 5-1　单步式利润表

项目	行次	本月数	本年累计数
一、收入			
主营业务收入			
其他业务收入			
投资收益			
补贴收入			
营业外收入			
收入合计			
二、费用			
主营业务成本			
营业费用			
主营业务税金及附加			
管理费用			
财务费用			
其他业务支出			
投资损失			
营业外支出			
费用合计			
三、利润总额			
减：所得税			
四、净利润			

多步式是将利润表的内容作多项分类，相关收入与相关费用进行配比，分别计算出不同业务的结果，然后上下相加减计算确定本期的利润总额和净利润额。其简化格式如表 5-2 所示。

表 5-2　多步式利润表

项目	2002 年		2001 年	
	合并	母公司	合并	母公司
一、主营业务收入				
减：主营业务成本				
主营业务税金及附加				

（续表）

项目	2002 年		2001 年	
	合并	母公司	合并	母公司
二、主营业务利润（亏损以“—”号填列）				
加：其他业务利润（亏损以“—”号填列）				
减：营业费用				
管理费用				
财务费用				
三、营业利润（亏损以“—”号填列）				
加：投资收益（损失以“—”号填列）				
补贴收入				
营业外收入				
减：营业外支出				
四、利润总额（亏损总额以“—”号填列）				
减：所得税				
五、净利润（净亏损以“—”号填列）				

多步式利润表是企业以收入为起点，计算出当期的利润总额和净利润额。它的优点在于，便于对企业利润形成的渠道进行分析，明了盈利的主要因素是什么或亏损的主要原因是什么，使投资更具有可靠性；同时也有利于不同企业之间进行比较；还可以预测企业未来的盈利能力，为投资者进行长线投资提供参考信息。

第四节　利润的源头——收入

收入是资产的源泉，也是利润的源头，通过商业活动产生。收入的获取与实现是企业生存、发展和获利的源泉。企业的收入主要来自于两个渠道，一个是营业收入或销售收入，另一个是营业外收入。

销售收入直接影响企业的利润，也体现企业的经营质量与管理水平。收入可通过销售产品、提供服务、收取费用或佣金、租赁房产或设备，或者其他商业行为得来。销售收入是利润的主要来源。从经济学的角度来看，销售收入的获得过程是商品价值形成、增值和实现过程的统一。“销售收入的实现过程”与“销售收入的实现”在经济学上是有差别的。实现过程是指企业投入货币资金购买原材料，通过生产过程将其转变为产品；企业为产品寻找市场和用户，进行营销；发送产品完成销售并取得债权，直到最终收到货款的全过程。只要销售收入尚未到达终点，销售收入就仍然处于实现过程之中。只有当销售收入实现过程到达终点（即收回全部货款），才是真正的销售收入的实现。目前的会计惯例将处于“应收账款”形态上的销售收入，视为销售收入的实现；但从经济学的角度来讲，这种形态的销售收入仍处在实现过程之中，并未真正实现。

营业收入（或销售收入）包括主营业务收入和其他业务收入。主营业务收入说的是企业经营主要业务而形成的各种收入的总和，如销售产品（包括产成品、自制半成品），提供工业性劳务等发生的收入。以中纺投资（600061）为例，生产、销售纺织品作为其主营业务活动，其收入的取得就是该商店的主营业务收入。其他业务收入是企业除主营业务收入以外的其他销售或其他业务的收入，如材料销售、代购代销、包装物出租等收入。在利润表中，对企业的其他业务，用“其他业务利润”项目加以反映。具体项目见表 5-3 的中纺投资 2008 年的利润表。

表 5-3　中纺投资 2008 年的利润表

中纺投资　　　　单位：元　　　　币种：人民币

报告期	2008 年 12 月 31 日	2007 年 12 月 31 日
一、主营业务收入	1 238 149 371	1 266 244 204
折扣与折让	0	0
主营业务收入净额	1 238 149 371	1 266 244 204
主营业务成本	1 135 380 000	1 167 248 474
主营业务税金及附加	2 506 940	2 075 728
二、主营业务利润	100 262 431	96 920 002

（续表）

报告期	2008 年 12 月 31 日	2007 年 12 月 31 日
其他业务利润	0	0
存货跌价损失	0	0
营业费用	16 246 316	19 169 888
管理费用	62 224 325	63 524 804
财务费用	3 176 951	3 617 102
三、营业利润	3 636 535	6 865 732
投资收益	998 274	15 062 942
补贴收入	0	0
营业外收入	9 427 110	2 750 109
营业外支出	267 075	303 567
以前年度损益调整	0	0
营业外收支净额	9 160 035	2 446 542
四、利润总额	13 356 285	24 813 775
所得税	7 280 191	7 064 950
财政返还	0	0
少数股东权益	611 982	384 166
购买日前净利润	0	0
未确认的投资损失	0	0
五、净利润	5 464 111	17 364 660

从表 5-3 中可以看到，中纺投资 2008 年 12 月 31 日的主营业务收入为 1 238 149 371元，其他业务利润为零，营业外收入为 9 427 110 元。其中，其他业务利润为零说明公司 2008 年没有发生其他业务，或者其他业务收支相等，相减为零。

将企业的营业收入划分为主营业务收入和其他业务收入，其目的在于向会计报表使用者提供更有价值的会计信息。我国将企业收入的来源划分为销售商品、提供劳务和他人使用本企业资产三类。

我们在阅读以上利润表时可能会注意到有一个“折扣与折让”项目，此外，还可能听到过“销售折扣”、“现金折扣”等名词，因此感到有些无所适从。这里面实际上涉及几个专业术语：销售退回、销售折让和销售折扣。销售退回是这样一种情况：在实际工作中，购买者常常由于商品质量或品种不符合规定要求，而将已购买的部分或全部商品退回给出售单位。发生这种情况时，应由购销双方协商解决。经协商由销售方退款给购买者的，则确定为销售退回，应作为销售收入的调整处理。销售折让是指购买者由于产品质量或品种不符合规定要求，对这部分商品不作退回处理，而只要求在价格上给予某些折让的事项，因而应当将其作为收入的抵减处理。销售折扣又叫现金折扣，一般来说，折扣分为商业折扣和现金折扣。商业折扣是指企业可以从货品价目单上规定的价格中扣减的一定数额。此项扣减数通常用百分数来表示，如10%、12%、20%等。扣减后的净额才是实际销售价格。由于商业折扣一般在交易发生时即已确定，商业折扣仅仅是确定实际销售价格的一种手段，不在买卖任何一方的账目上进行反映，所以商业折扣对销售收入的确认并无实质性影响。现金折扣是指企业为了鼓励客户在一定时期内早日偿还货款而给予的一种折扣优待。这种折扣的条件，通常写成这样的方式——2/10、1/20、n/30，其意义为10天内付款折扣2%，20天内付款折扣1%，30天内全价付款。可见，在现金折扣（对于销售企业来说，现金折扣称为销售折扣）存在的条件下，销售收入随付款期的不同而不同。对于销货方来说，提供的折扣应作为销售收入减少处理。

目前，销售退回、销售折让、销售折扣已经并入产品销售收入的确认之中，也就是说，企业发生的销售退回、销售折让、销售折扣，其数额直接冲减产品销售收入。

营业外收入相当于其他的利得或非常收益，是指企业发生的与其生产经营无直接关系的各项收入，包括固定资产盘盈、处置固定资产净收益、非货币性交易收益、出售无形资产收益、罚款净收入等。营业外收入和主营业务收入的区别在于以下两点：

（1）主营业务收入是由持续的、主要或中心营业活动产生的，如销售收入；营业外收入则由非常的、非主要营业活动产生，且多半为管理当局所不能控制或左右的，如罚款收入。

（2）主营业务收入是总额概念，必须与费用相配比，如主营业务收入减主营业务成本、主营业务税金及附加后得到主营业务利润；营业外收入是净额观念，它或者已经将对立因素抵消（如出售资产净收益是售价与账面价值抵消后的净额）；或本来就只有一个金额，如诉讼获胜后的赔偿收入。

第五节　收入的代价——费用

费用的内容必须与企业的主营业务相关联，必须与企业所发生的具体的经济事项相联系。企业发生的费用，有许多内容是相同的，如大部分企业都有差旅费、应酬费、通信费、工资及福利费、办公费等费用，但由于行业不同、企业的规模不同，或企业处于不同的发展阶段，其所发生的费用性质与内容往往存在一定的差异性，如食品企业有卫生监督费、食品检测费、检验检疫费，化工企业有环境监测费、排污检测费，进出口企业有报关费，准备上市的企业有上市包装辅导费，取得或准备取得相关认证标准的企业有某项资格认证费，房地产开发企业有销售代理费（佣金），发生经济纠纷且处于诉讼之中或诉讼完结的企业会发生诉讼费用、律师费用等，这些费用都与其主营业务或者行业特点，或者是企业所发生的某项经济事项有必然的关联。试想一下，一家服装制造企业绝对不可能发生针对其服装产品的食品检验费，这就是费用内容的相关性。

费用是与收入相对应而存在的。关于费用的解释，广义上认为费用是企业的一切经济利益的减少，表现为资产的流出或折耗，或者是负债的增加。但在财务报表中采用较为狭义的解释，认为费用是企业为销售商品、提供劳务等日常活动所发生的经济利益的流出，企业对外投资发生的损失，以及营业外支出。需要说明的是，财务报表里的营业外支出是企业发生的与日常生产经营活动无直接关系的各项支出，如出售固定资产、无形资产净损失等。站在确定经营成果的角度看，费用主要可分为直接费用、摊销费用、期间费用三大类。

直接费用是与主营业务收入的取得存在直接因果关系，基本上随主营业务收入的增加而等比例增加的费用，即主营业务成本。这主要是制造企业由产品生产成本直接转化而来的销售成本，以及商业企业由商品进货成本直接转换而来的销售成本，或者因提供劳务或让渡资产使用权等日常活动而发生的实际成本。

摊销费用虽然与主营业务收入的取得不存在明显的直接因果关系，但是具有未来经济利益，而且是可用系统而合理的方法逐期摊销的费用，如企业管理或销售部门所用的房屋及设备的折旧费等。

企业在主要经营活动中必定要发生某些费用，但与主营业务收入的取得并不存在明显的直接因果关系，而且也无法或没有必要用系统而合理的方法加以摊销，这些费用就是期间费用，如企业发生的大部分营业费用、管理费用、财务费用等。

费用既然是属于与收入有关的合理支出的范畴，那么费用的发生从逻辑推理的角度来看，必然产生一定的结果，如广告费用的发生通常会促进企业主营业务收入的增长，运输费的发生必然与特定货物的流动相关联，业务差旅费用的发生必然与生意往来或管理活动相关联。换言之，费用的产生和存在既然是一种必然，是一种合理的支出，那么这种必然和合理就应体现在费用的发生能帮助企业实现营业目的，帮助企业实现企业目标。如企业连续长期地列支某项具体费用，但又从未取得与具体费用相对应的收入或实现其他相关目标，那么，其费用的真实性是值得怀疑的。比如一家小企业取得从某财务公司开具的大额咨询费用，该费用金额占整个期间费用的40%，而该企业并未委托财务公司做账，即使有咨询业务发生，也不可能会支付那么大的金额，那这一笔支出可能就是虚开费用发票进行虚假列支。

费用的发生往往表现为企业资产的减少或负债的增加，但是并不是所有的资产减少和负债的增加都是费用，费用仅仅是为了获得营业收入而发生的耗费。企业应当按照权责发生制和配比原则确认当期费用。对于应属于当期的费用，无论当期是否实际支付，均应确认为当期费用；反之，对于不属于当期的费用，即使款项在当期实际支付，也不应确认为当期费用。

费用与支出、成本、损失等之间在含义上还存在着较大的差异。支出一般说的是企业在生产经营过程中，为了某种原因所耗费掉的资产的流出。支出的范围比费用要广泛得多，只有那些在生产经营过程中为了取得营业收入而发生的支出（如以银行存款支付的广告费）才可称为费用，而因其他原因发生的支出，如偿还银行借款等发生的支出与营业收入的取得无关，不能构成企业的费用。费用和成本是对耗费按用途进行的分类，只有耗费于已销产品的成本才应列作费用，记入当期损益；那些尚不能取得本期收入的耗费，作为生产费用应记入产品成本。而损失是企业丧失的资产，在计算纯收益时应作为一个减项从收益中扣除。费用是一种有目的的支出，并且从取得的相应收入中予以补偿。

第六节　多收的三五斗

除收入和费用之外，企业的净利润还直接受到利得与损失的影响。你也许会经常听到诸如“直接计入所有者权益的利得和损失”与“直接计入当期利润的利得和损失”等词语，那么究竟这多出来的“三五斗”包括哪些内容呢？

利得和损失说的是会计期间因发生与企业主要经营业务无关的交易或事件，造成所有者权益的增加或减少（例如，处置一块闲置土地所产生的利得或损失），这些利得或损失通常是一次性而不是持续性的。在查看利润表时，分析的重点在于持续性的净利，而不是暂时性或一次性的获利，能持续获得净利润的企业才算得上是有实力、有投资价值的企业。

利得——不是企业日常活动所形成的、会导致所有者权益增加的、与所有者投入资本无关的经济利益的流入。

损失——不是企业日常活动所发生的、会导致所有者权益减少的、与向所有者分配利润无关的经济利益的流出。

由此可见，利得与损失具有三个明显的特点：不是由日常活动所形成，会导致所有者权益变动，与所有者投入资本或者向所有者分配利润无关。

从利得与损失本身所具有的特点来看，“直接计入所有者权益的利得和损失”与“直接计入当期利润的利得和损失”并没有区别。同时，无论是“直接计入所有者权益”还是“直接计入当期利润”，利得和损失最终均构成所有者权益的一部分。两者仅有的区别在于前者直接计入所有者权益，后者直接计入当期损益。之所以作出这样的分类，其理论基础在于对利得和损失实现与否的认定，是否能够将利得和损失作为利润的一部分进行分配或者减少利润分配。如果是已经实现的，则应“直接计入当期利润”；相反，如果是尚没有实现的，则应“直接计入所有者权益”。

第六天 解密现金流量表

第一节　话说现金流量表

企业的损益表中可能显示出丰厚的盈利，但企业却未必有与损益表中利润等额的实际现金入账。因为损益表中的利润是按照权责发生制来计算的，即表中记录的销售收入是按照交易的销售额来计算的，无论这些收入是否以现金的形式收到，哪怕顾客采取的是赊销方式（暂时不支付现金）。在现实生活中，企业之间采取应付、预付形式往来非常频繁，经常会导致企业实际的现金收支与账面收支不相等，甚至差额较大，这就是为什么有的企业实现了盈利，却会因为没有足够的现金周转而陷入困境的缘故。因此，企业必须十分重视现金收入，定期了解企业的现金流量状况。

现金流量表能够为我们提供企业在一定会计期间内现金的来龙去脉及现金余额变动的财务信息，即告诉我们现金从何处来、用到何处去。例如，从年初到年末，如果企业增加了 2 000 万元现金，在现金流量表中就应该描述为经营、投资、筹资活动增加了多少，把它们加总到一起就是 2 000 万元。比如经营活动：卖东西时拿回多少钱，上一年缴税缴多了，给我们退回多少钱来，买东西时花了多少钱，给职工以及为职工支付花了多少钱，缴纳各项税费用了多少钱。

现金流量表中的“现金”具有特定的含义，一般包括“现金”和“现金等价物”。现金说的是库存现金和随时可以支付的银行存款、其他存款等。现金等价物说的是企业持有的期限短（一般是从购买日起 3 个月到期）、流动性强、很容易转换为已知金额的现金，以及价值变动风险很小的投资，如短期债券等。现金流量说的是一定时期内现金流入或流出企业的数量，两者之间的差额为现金净流量。若流入大于流出，差额为现金净流入，反之为现金净流出。判定现金流入、流出的标准是看现金是否出入企业，比如企业现金形式的转换

（从银行提取现金）不属于现金流量，用现金购买 3 个月到期的国库券也不属于现金流量，这属于现金与现金等价物之间的转换。

如果把企业比作一个大水池，“现金”和“现金等价物”就好比是水，在不断注入水的过程中，也不断地有水流出。在一定期间内，如果注入量大于流出量，那么水池中的存水量就会越来越多；但如果注入量小于流出量，那么现金流就会越来越少，甚至出现现金短缺。不管怎样，企业应该保证这个“水池”中有适当的“水”量，生产经营活动才能正常开展。

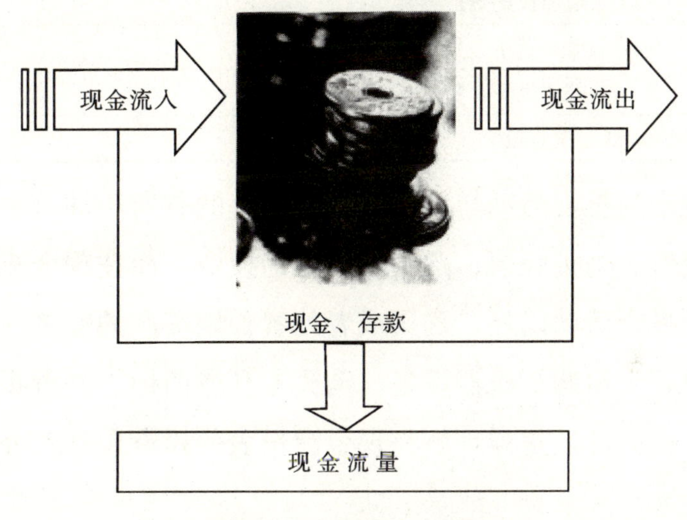

图 6-1 “水池”与“水”

从图 6-1 可以看出，在经营活动过程中就是这样得到现金净流量的：

现金净流量＝现金流入－现金流出

现金流量按不同流入来源和流出用途主要分为经营活动现金流量、投资活动现金流量和筹资活动现金流量三大类。经营活动现金流量主要反映企业在利润的形成过程中，因发生销售产品或劳务交易所引起的现金流动；投资活动现金流量主要反映企业因取得或处理权益性与债务性证券、取得或变卖固定资产等所引起的现金流动；筹资活动现金流量主要反映企业因取得资本、支付外部投资者报酬、发行及兑付债券、举债与归还借款等所引起的现金流动。三大现金流量的具体现金流入、流出项目如表 6-1 所示。

表 6-1　现金流入、流出项目表

项　目		金　额
经营活动	销售商品，提供劳务	
	购买商品，提供劳务	
	为职工支付的现金	
	支付的税费	
投资活动	收回投资，投资收益	
	对外投资	
	增加长期资产	
筹资活动	增加资本，贷款	
	归还投资，贷款	
现金净流量		

现金流量表中的投资活动与我们平常所理解的有所不同。平时，我们把持有其他单位的股份、购买股票、购买债券称为投资；而在现金流量表中，除上述经济业务属于投资活动以外，购买或者处置长期资产的经济活动也属于投资活动，也就是说，公司购买机器设备、购买专利或商标、处置报废小汽车等都属于投资活动。我们可以这样理解：现金流量表的投资包括对外投资和内部投资两部分。

现金流量表可以透视出上市公司的利润是真的还是假的，该公司的利润和现金有多大的差距。比如在利润表中可以算出利润 1 000 万元，而和这个利润相对应的现金可能有 700 万元，这就可以知道企业的 1 000 万元的利润只对应 700 万元现金，就是说利润现金率只有 70%。我们认为，企业的利润应该是钱。当然，相等实在是不太可能的，只要公司的利润和利润所创造的现金比较接近，应该说盈利质量是比较高的，否则利润质量比较低。所以，现金流量表透视的首先是利润。其实现金流量表不光是对利润表进行透视，它还对企业的经营活动进行透视。比如当看到经营活动能产生现金流量的各项业务活动，既没有进来钱的地方，也没有出去钱的地方，那么这家企业已经没有生命力了。因为正常情况下，企业如果健康，钱该进来时要进来，应该出去时要出去，现金作为企业的血液是要流动的。现金流动的最大化，说明企业是充满青春活力的。再举例，在现金流量表中，有一个指标叫“支付给职工以及为职工支付的现金”，如果这个指标呈逐年下降趋势，我们会透视出什么问题呢？什么时候工资才会下降呢！当然劳动生产率提高，工资也会下降。我们所看到的只是现金的进进出出，更主要的是要通过这些现象来透视企业的利润情况如何、企业业务开展的情况如何、企业所面临的经营环境如何，等等。

第二节　直接法和间接法

现金流量表从编报需要出发，按影响现金流量的因素不同，将现金流量表分成三大类，即经营活动产生的现金流量、投资活动产生的现金流量和筹资活动产生的现金流量，以充分揭示企业经营活动、投资活动、筹资活动所提供的现金流入、现金流出和现金净流量的状况。其中，现金流量表中经营活动产生的现金流量的报告方法目前有两种：直接法和间接法。

我国 2001 年 1 月 1 日颁布并实施的《企业会计制度》中规定的现金流量表基本格式分主表和补充资料两部分。补充资料部分又可称为报表附注，主要披露不涉及现金收支的投资和筹资活动，以及按间接法反映的经营活动产生的现金流量、现金净流量等信息（如表 6-2 所示）。

表 6-2　现金流量表

项　　目	行次	金额
一、经营活动产生的现金流量		
销售商品、提供劳务收到的现金		
收到的税费返还		
收到的与其他经营活动有关的现金		
现金流入小计		
购买商品、接受劳务支付的现金		
支付给职工以及为职工支付的现金		

（续表）

项　　目	行次	金额
支付的各项税费		
支付的其他与经营活动有关的现金		
现金流出小计		
经营活动产生的现金流量净额		
二、投资活动产生的现金流量		
收回投资所收到的现金		
取得投资收益所收到的现金		
处置固定资产、无形资产和其他长期资产所收到的现金净额		
收到的其他与投资活动有关的现金		
现金流入小计		
购建固定资产、无形资产和其他长期资产所支付的现金净额		
投资所支付的现金		
支付其他与投资活动有关的现金		
现金流出小计		
投资活动产生的现金流量净额		
三、筹资活动产生的现金流量		
吸收投资所收到的现金		
借款所收到的现金		
收到的其他与筹资活动有关的现金		
现金流入小计		
偿还债务所支付的现金		
分配现金股利、利润和偿付利息所支付的现金		
支付的其他与筹资活动有关的现金		
现金流出小计		
筹资活动产生的现金流量净额		
四、汇率变动对现金的影响		
五、现金及现金等价物净增加额		

补充资料：

项　　目	行次	金额
1. 将净利润调节为经营活动现金流量		
净利润		
加：计得的资产减值准备		

（续表）

项　　目	行次	金额
固定资产折旧		
无形资产摊销		
长期待摊费用摊销		
待摊费用减少（减：增加）		
预提费用增加（减：减少）		
处置固定资产、无形资产和其他长期资产的损失（减：收益）		
固定资产报废损失		
财务费用		
投资损失（减：收益）		
递延资产贷项：（减：借项）		
存货的减少（减：增加）		
经营性应收项目的减少（减：增加）		
经营性应收项目的增加（减：减少）		
其他		
经营活动产生的现金流量净额		
2. 不涉及现金收支的投资和筹资活动		
债务转为资本		
一年内到期的可转换公司债券		
融资租入固定资产		
3. 现金及现金等价物净增加情况		
现金的期末金额		
减：现金的期初余额		
加：现金等价物的期末余额		
减：现金等价物的期初余额		
现金及现金等价物净增加额		

采用直接法编报的现金流量表，便于分析企业经营活动现金流量的来源和用途，预测企业现金流量的未来前景；采用间接法编报现金流量表，便于对净利润与经营活动现金净流量进行比较，了解净利润与经营活动现金流量存在差异的原因，从现金流量的角度分析净利润的质量。所以，我国现金流量表的有关准则及企业会计制度规定企业应当采用直接法编报现金流量表，同时要求提供在净利润基础上调节经营活动现金流量的信息，即同时采用直接法和间接法两种方法提供现金流量信息。

第三节 了解“家规”——收付实现制原则

收付实现制原则是与权责发生制原则相对应的一个概念。收付实现制使我们特别注重钱的流动。只要钱进来，就管它叫流入，只要钱出去，就叫流出，根本不用考虑这钱是哪一时期流入的、哪一时期流出的。例如，企业在销售环节所收到的现金，可能是本期销售产品而在本期收到的钱，属于本期的流入；还可能是上一期别人欠我们的钱把它追讨回来了，也应该作本期的流入；还可能是有人买我们的东西，我们提前预收了款项，这笔钱也作为本期的流入。只要钱在本期进来就可以，不用考虑它是上期回来的钱还是本期回来的钱，或者是预收下一期的钱。

再比如，只要钱支付出去，就把它作为流出量来看待，也不用考虑这笔钱是哪个时期来支付，比如企业缴税，这个月为上一时期缴税作本期的流出量，本期缴税本期的税款，也还是本期流出量。买东西也是一样，今天买东西一手交钱一手交货，这是本期的流出；上次买东西欠了别人钱，现在还债，也是本期的流出；如果下一次买东西，但是对方的商品比较紧俏，要求预付款的话，则预付款也作为本期的流出。基本特点就是，只要钱在本期支付出去，就作本期的流出量；只要钱在本期收进来，就作本期的流入量。所以在一家企业中有两张利润表，一张是权责发生制的利润表，以应该收和应该付为标准来计算；还有一张利润表叫现金流量表，以钱的进进出出为起点来计算，钱进来作流入，钱出去作流出。

由于资产负债表与利润表都是采取权责发生制来编制的，当期发生的收入与费用，不管有没有实现，都入了账，在依据资产负债表和利润表编制现金流量表时，必须将按权责发生制确认的收入和费用、资产和负债等转换为按收付实现制确认的现金流入和现金流出。现金流量表阅读的重点就在于此。

打个比方说吧，你在1月份的时候支付了1～6月的住房租金6 000元，按照权责发生制原则，这笔费用应该计提折旧，每月为1 000元，在资产负债表中我们是按照每月1 000元的金额进行入账。而事实上，1月份你就将6 000元租金全部支付了，因此在现金流量表中，必须体现为现金流出6 000元。

第四节　参透表中玄机

现金流量表主要提供有关企业现金流量方面的信息。在市场经济条件下，企业的现金流转情况在很大程度上影响着企业的生存和发展。企业现金充裕，就可以及时购入必要的材料物资和固定资产，及时支付工资、偿还债务、支付股利和利息；反之，轻则影响企业的正常生产经营，重则危及企业的生存。在实际工作中，往往会出现下面的情况：有些企业利润表上反映的是盈利，却没有现金支付能力，偿还不了到期的债务；而有些企业利润表上反映的是亏损，却现金充足，不仅能经营运作，甚至还能对外投资。这是因为利润表是按权责发生制编制的，而现金流量表是按收付实现制编制的。现金管理已经成为企业财务管理的一个重要方面，受到企业管理人员、投资者、债权人以及政府监管部门的关注。所以，参透企业现金流量表中的玄机，对于投资者进行正确的投资有着非常重要的意义。

玄机一：此现金非彼现金

现金是企业的血液，企业的经营发展离不开现金。一家企业要有可持续发展的能力，自身就必须拥有“造血”的功能，否则企业就会“贫血”，就会软弱无力，也就根本谈不上在商海中搏杀、竞争、发展、壮大。那么，从哪里可以看出企业的“造血”能力呢？从下述三项分类可以看出——投资活动、筹资活动和经营活动。

投资活动通常不是公司现金的主要来源。筹资活动可能会成为主要来源，但不是由公司自身经营产生的，它是通过公司股东增加投资和对外借债增加的，它是从体外输血，不是自身造血。经营活动才是公司的“造血器”，只有经营活动持续不断地为企业提供现金来源，公司才能持续发展，才能为股东创造财富。这正是通过阅读和分析现金流量表所能获得的重要信息。

玄机二：现金流量与净利润

利润表中计算的净利润，也就是会计利润，是通过销售收入等“收益”减去成本、费用后得出的“利润”或“亏损”。会计利润以“实现多少”为计算标准。与此不同的是，现金流量是显示现金或存款增加或减少的过程，表中所示内容包括通过什么样的交易，发生多少现金收入及现金支出，作为收支差异额还剩多少现金，它是以“发生多少”为计算标准的。

比如说，收益是以将商品卖给对方的时间点上（即交货给对方的时间点）的销售额作为收入入账。另外，工资等费用也是在一定时候有必要支付时才发生，并作为费用入账。这些项目并不一定伴随着现金的收入和支出而发生。特别是购销交易在企业间一般采用“赊账交易＝信用交易”的形式进行，通常是日后另行支付货款。也就是说，销售额上去了，利润出现了，但货款并没有实际收到。从现金流量的角度考虑，现金的增加要等到货款到账时，而不是卖掉商品时实现。这就是两者之间最根本的区别（见图 6-2）。

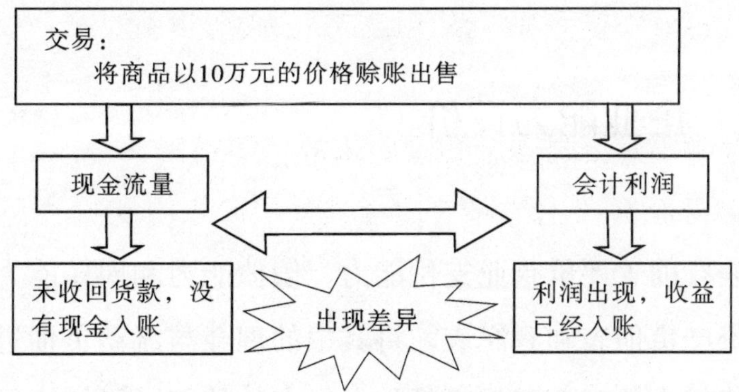

图 6-2　现金与利润的差异

除了信用交易所产生的时间差异外，其他项目的时间差也会造成两者的差异，比如固定资产折旧。在购入固定资产时会发生较大金额的现金支出流动，但是在利润表中计算净利润时，需要按照这些固定资产使用寿命跨年度计入费用，现金流量与会计利润因此有了很大的不同（见图 6-3）。

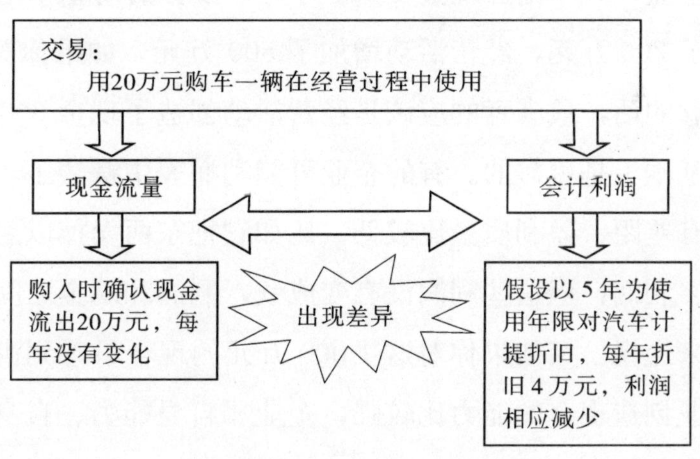

图 6 3　现金与利润的差异

也就是说，在涉及购入固定资产的情况下，利润（或亏损）的计算与现金流量的计算所产生的影响是完全不同的。总之，由于收益和费用以及现金流入和现金流出在时间上存在差异，从而导致会计利润和现金流量在金额上是不同的。时间差异是它们两者之间的最大差异。所以，为什么公司的账面上有不少利润，却看不到现金，奥妙就在于利润和现金流的会计记录原则不同——利润是根据权责发生制进行记录的，而现金流则是根据收付实现制进行记录的。关于记录原则，前面已经详细介绍过。

玄机三：企业能力评价

现金流量表有助于评价企业支付能力、偿债能力和周转能力。通过现金流量表，并结合资产负债表和利润表，将其中的现金与流动负债进行比较，计算出现金比率；将其中的现金流量净额与发行在外的普通股加权平均股数进行比较，计算出每股现金流量；将其中的经营活动现金流量净额与净利润进行比较，计算出盈利现金比率，可以了解企业的现金能否偿还到期债务、支付股利和进行必要的固定资产投资，了解企业现金流转的效率和效果，等等，从而便于投资者作出正确的投资决策。

比如一家企业，一年增加现金 1 000 万元，投资活动基本上持平，而筹资活动假定增加了 200 万元，经营活动增加了 800 万元，如果你对增加 1 000 万元现金感到满意的话，最满意的应该是经营活动创造了现金 800 万元，这家企业的财务状况基本上是可靠的。有的企业可能利润表中赚钱了，但没钱花，利润和现金之间有差距，盈利质量比较低。比如它把东西卖掉以后形成了很多收入，实现了很多利润，但这些利润没有变成钱，利润和现金之间的差距就应该用现金流量表来透视。又如果你对这 1 000 万元的现金量感到满意，更感到欣慰的应该是企业创造现金的能力比较强，企业靠自身能力、自身创造的现金来偿还债务的能力比较强。

玄机四：脚踏过去，远眺未来

现金流量表有助于预测企业未来的现金流量。评价过去是为了预测未来，通过现金流量表所反映的企业过去一定期间的现金流量以及其他生产经营指标，就可以据以预测企业未来的现金流量，从而为企业编制现金流量计划、组织现金调度、合理地使用现金创造条件，为投资者和债权人评价企业的未来现金流量、作出投资和信贷决策提供必要的信息。例如，根据上一期间销售商品或提供劳务产生的现金状况，参考下一期间的销售前景、收账政策、客户信用等因素，就可以预测企业下一期间销售商品、提供劳务产生的现金状况。除此之外，通过上一期间用于支付工资的现金金额，再考虑下一期间用工规模、工资标准等其他因素，便可以预测下一期间企业支付员工工资所需要的现金。

玄机五：提供更多的信息

现金流量表能够提供不涉及现金的投资和筹资活动的信息。现金流量表除了反映企业与现金有关的投资和筹资活动外，还通过附注方式提供不涉及现金的投资和筹资活动方面的信息，使会计报表使用者或阅读者能够全面了解和分析企业的投资和筹资活动。

玄机六：流入与流出联系起来阅读

在阅读现金流量表的时候，应当将现金流入与现金流出联系起来阅读（见图 6-4）。

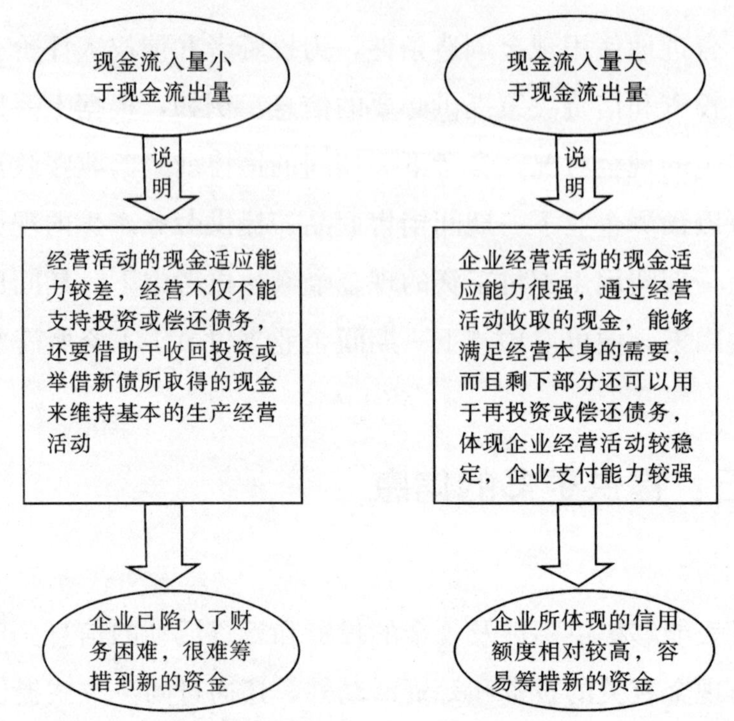

图 6-4　现金流入与现金流出的阅读

同样，企业的投资和筹资活动也是这样，在阅读现金流量表时，将现金流入量与现金流出量联系起来（见图 6-5）。

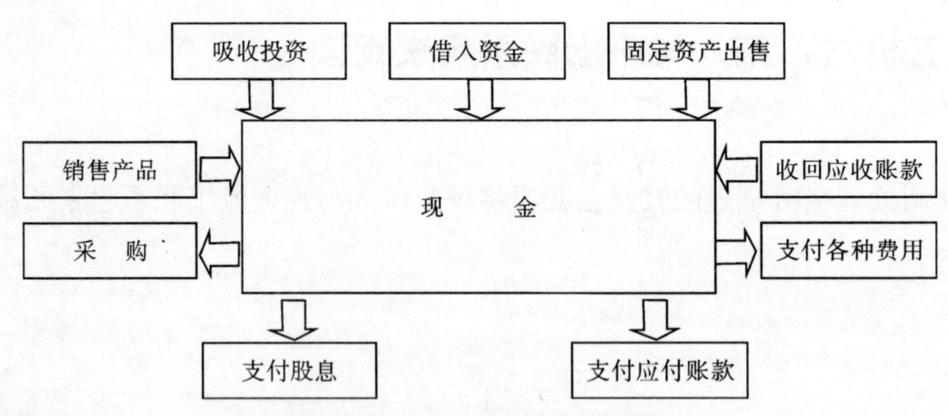

图 6-5　现金流入与流出联立阅读

概括起来说，无论现金流入量大于现金流出量，还是小于现金流出量，企业在经营过程中所进行的三大活动都是为了积聚更多的现金。现金实在是企业得以生存的血液，而现金流量表则是公司财务状况的“验血单”。检验一下，你所投资的企业是否有“贫血”迹象，如果有，那你可要管好自己手中的钱了。

第七天　聚焦企业的血脉——现金

第一节　现金主流——经营

现金流量表为我们提供了一家公司经营是否健康的"化验单"。如果一家公司经营活动产生的现金流无法支付股利及保持股本的"繁殖"能力，使得它必须用借款的方式满足这些需要，那么这就给我们一个警示：这家公司从长期来看无法维持正常情况下的支出。现金流量表通过显示经营中产生的现金流量不足，以及不得不用借款来支付无法永久支撑的股利水平，从而揭示了公司内在的发展问题。而经营活动产生的现金流量又是现金流量的主要板块。

与经营活动有关的现金流入分为三个方面（见图 7-1）。

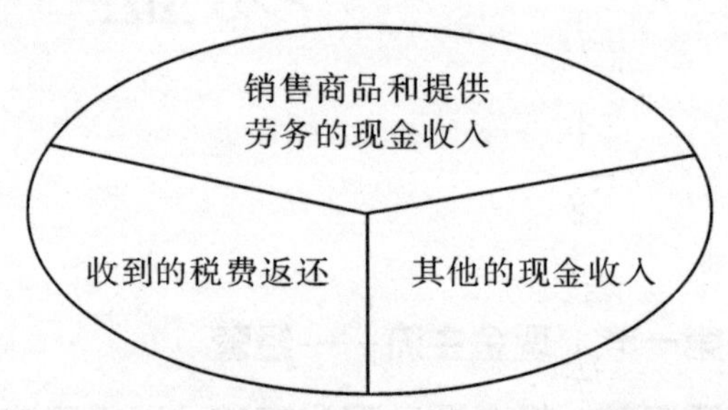

图 7-1　经营活动现金流入的三大板块

在经营活动中，第一个典型的流入量指标就是销售商品和提供劳务收到的现金，就是能拿回多少钱。第二大板块是收到的税费返还。比如所得税的核算方法或缴纳方法通常是按季预缴，年终清算，多退少补，一旦企业所得税缴多了，而在这个年度又退回来了，对于企业来说也属于现金流入。国家退回来的所得税、教育费附加叫做"收到的税费返还"，就是上年多缴的部分退回来了。第三大板块是收到的其他与经营活动有关的现金。

销售商品、提供劳务收到的现金包括本期销售商品、提供劳务所收到的现金（含增值税销项税额），前期销售商品、提供劳务于本期收到的现金以及本期预收的账款，扣除本期退回本期销售的商品和本期退回前期所销售的商品而支付的现金。收到的税费返还包括企业实际收到的税务部门返还的各种税费，如收到的增值税、消费税、营业税、所得税、教育费附加返还款等。收到的其他与经营活动有关的现金包括企业除了上述项目外，收到的其他与经营活动有关的现金流入，如罚款收入、流动资产损失中由个人赔偿的现金收入等。

与经营活动有关的现金流出分为四个方面（见图 7-2）。

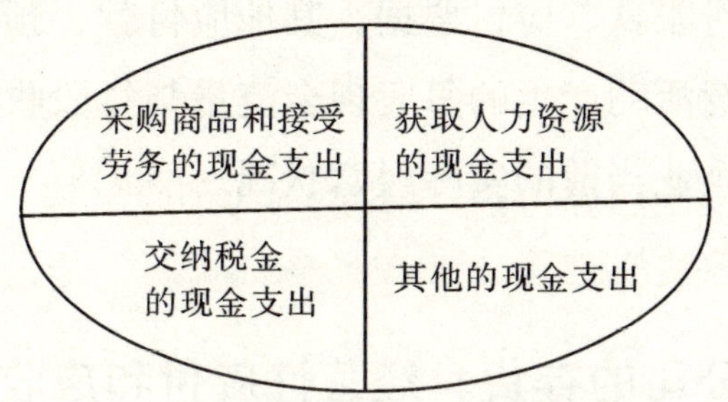

图 7-2　经营活动现金流出的四大板块

与经营活动有关的现金流出量，第一大板块是采购商品和接受劳务所支付的现金，表示企业在采购环节上花了多少钱，包括本期为本期的采购付款、本期为上期的采购还债、本期为下期的采购预付。第二大板块是支付给职工以及为职工支付的现金。企业支付给职工的主要是工资和奖金；为职工支付的现金，比如福利费和保险费，这些都表明企业为职工付出了现金（工资、奖金、劳保、福利）。第三大板块是支付的各项税费。企业在经营活动中要依据国家的现行法律和制度规定，依法缴纳各项税费，比如赚了钱要缴所得税，有商品的流转活动，需要缴流转税（增值税、营业税、城建税、教育费附加）。企业向国家缴纳各项税费时所花的钱，都反映在这个指标中。第四大板块叫做支付其他与经营活动有关的现金。主要业务的现金流出都包含在前三个板块中，如果某项业务属于经营活动但无法归入前面三大板块，那就应该将这一项目归为此类。

企业在一定期间内实现的净利润并不一定构成经营活动产生的现金流量，如处置固定资产净收益或净损失构成净利润的一部分，但不属于经营活动产生的现金流量；处置固定资产净收益或净损失也不是实际的现金流入或流出。那么，应该如何分析经营活动的现金流呢？下面请跟我一起来检验。

1. 计算存货、经营性应付和应收项目的增减数

从现金流量表“将净利润调节为经营活动的现金流量”一项中，我们发现影响经营现金流的因素很多，有公司内部的原因（盈利、亏损或扩张等），也有外部环境的因素（市场变化、经济周期、公司竞争等），其中“存货增减数、经营性应付项目增减数以及经营性应收项目的增减数”最为重要。经营性应收项目主要包括企业的应收账款、应收票据、其他应收款、预付账款等；经营性应付项目主要包括应付账款、应付票据、其他应付款、预收账款等。通过对这些项目的分析，将经营活动产生的每股现金流量与每股收益进行比较，可以使投资者更清楚地了解企业当前的实际经营状况。

【例】

天津 T&T 公司的存货、经营性应付和应收项目的增减

天津 T&T 公司 2007 年净利润同比下滑了 40%。2007 年中期每股收益 0.181 元，全年却仅有 0.192 元，下半年公司每股实现利润仅 0.01 元。更值得关注的是，公司每股经营性现金流呈现负值，为−0.198 元，而 2006 年这一指标却高达 0.493 元。资产负债表显示，公司存货一项高达 7 066 万元，比上年增长了 84%，成为经营性现金流出现负值的主要因素。利润表显示，2007 年公司主营业务收入同比降低了 5%。在生产规模没有扩大的情况下，公司存货却大幅增长，说明其主业经营存在一定的问题。只有收入和利润，没有经营产生的现金流的现象在中国的上市公司里非常普遍。在公司的资产负债表上体现为收入增加、应收账款增加，存货量大；应收账款多、对外投资多，现金少，资产结构极不合理。资产数量增长越快，资产质量下降越快，盈利质量无法保障。

2. 分析非经营活动对企业经营活动现金的影响

有些不经常发生或者性质特殊的非经营活动，其现金流量的归类，对各类现金流量的变化趋势也有一定影响。为了准确地评价和预测企业正常经营活动带来未来现金流量的能力，我们应将这些特殊经济业务对现金流量分类的影响进行调整。

（1）企业的购并与剥离。企业购并与剥离所引起的现金流量，包括购并或剥离的经营性资产和经营性负债所引起的现金流量，属于投资活动的现金流

量。但是，购并与剥离将会扭曲购并或剥离业务发生以后期间的经营现金流量。以企业的购并为例，企业用现金购并（吸收合并或控股合并）一家目标企业时所支付的现金，包括为购并目标企业的经营性资产（如存货）而支付的现金，列入购并当年的投资现金流量；而这些经营性资产在购并后出售所取得的现金，则增加以后期间的经营现金流量。由此可见，购并扭曲了以后期间的正常经营活动的现金流量，而且被购并的净经营性资产或净经营性负债越大，被扭曲的程度也越大，甚至会改变它的变化趋势。

（2）出售或转让的应收账款。应收账款的出售，是指企业将其应收账款出售给第三方（如金融机构、投资公司）以筹集资金的行为。当应收账款的出售作为销售处理时，该项业务减少了应收账款的账面余额，同时增加了经营活动的现金流量。但是，大多数应收账款出售后，购买者有在收不回账款时对出售者的追索权，所以从经济实质上说，应收账款的出售实际上是一种以应收账款作抵押的抵押贷款，并不是真正的销售。因此，在分析现金流量表时，应该利用报表附注信息对企业的应收账款销售业务进行调整，即用期末已出售而未收回的应收账款增加额，将现金流量从经营活动调整到筹资活动（如果是减少额，则调整方向相反）。

【例】喜洋洋公司从2005年起涉及应收账款的出售业务，报告披露2006年、2007年末已出售商品但未收回的应收账款的余额均为300万元，2008年这一余额下降到112万元。那么，该公司2007年就无须加以调整（300－300）；2008年的经营现金流量则应调增188万元（300－112），而筹资活动的现金流量则调减188万元。

当前，我国法律对应收账款的出售业务没有规范，但随着各类资产经营公司的登台，应收账款交易市场的诞生将不再是遥远的事情。今后在分析现金流量表时，也必须对应收账款出售对现金流量分类的影响予以关注，以获得更加有用的会计信息。

（3）留意关联交易。许多应收账款都是与关联企业相关的，为了增加当年经营活动的现金流入，公司可以要求关联企业在年底前先偿还大部分债务，下一年再将这笔钱如数转回给关联公司，现金仅在公司擦“年”而过，没有任何实质意义。

3. 关注会计方法不同对现金流量分类的影响

研究和开发费用，在我国还没有具体的会计准则规范，如果企业认为这项费用足够多，收益期足够长，经过资本化后可以记入到投资支出中；如果当期作为一项费用记入，则作为经营活动的现金流出。

一项租赁业务，如果作为经营性租赁业务，则应该按费用支出记入经营活动的现金流出；如果作为融资性租赁，则记入筹资活动的现金流出。而对于这两者的区分，我国也没有具体的执行标准。

对于子公司的投资，如果母公司采用权益法核算而未将其纳入报表合并范围，那么母公司从子公司分得的现金股利，属控股集团投资活动的现金流入。反之，如果将其纳入合并范围，那么母公司收到的现金股利与子公司分发给母公司的现金股利相抵消，子公司经营现金流量并入合并现金流量表，使集团公司的经营现金流量增加。

要知详情如何，请看如下例子。

【例】

一些公司会计方法不同对现金流量分类的影响

(1) LL 公司就一台设备与出租企业 UU 公司签订了一份租赁合同，合同规定在未来 4 年内 LL 公司每年年末支付给 UU 公司 10 000 元租金。如果 LL 公司采用融资租赁方式，则在第一年年初同时确认融资租赁固定资产和长期应付款；如果采用经营租赁方式，则只需在备查账中登记而不予以确认入账。每年年末支付租金时，在融资租赁方式下有一部分计入财务费用，其余冲销长期应付款；而在经营租赁方式下全部计入当期的经营费用。由于我国《企业会计准则——现金流量表》将利息费用归入筹资现金流量，所以融资租赁方式下每年支付的租金作为筹资活动的现金流出，但是经营租赁下的租金则是经营活动的现金流出。也就是说，在经营租赁方式下的经营现金净流量将比融资租赁方式小。

(2) 母公司 A 占子公司 B 80%的股份，子公司 B 的净利润和经营活动的现金流量均为10 000万元，分配现金股利5 000万元。如果母公司A不将子公司B列入报表合并范围，那么母公司A公司投资活动的现金流量增加400万元；如将其列入合并范围，那么A（集团）公司的经营活动的现金流量增加10 000万元，筹资活动的现金流量减少100万元（支付给少数股东的股利），投资活动的现金流量不变。由此可见，合并报表的合并范围的选择不仅影响集团公司的净现金流量，而且影响现金流量的分类。

第二节　经营活动现金流的“操纵魔法”

随着投资者对公司财务状况关注的深入，越来越多的公司重视现金流管理。由于经营活动能给企业带来持续的现金流入，对基于经营活动现金净流量的分析越来越引起重视，故上市公司对现金流量表的操纵主要集中在经营活动产生的现金流量各项目上。那么，如何识别上市公司的经营活动现金流的“操纵魔法”呢？

许多分析者认为经营活动的现金流量净额可以提供比净利润更加真实的经营成果信息，或者它不太容易受到上市公司的操纵，等等。事实上，这些观点是比较片面的，因为现金流量表的编制基础是收付实现制，即只记录当期现金收支情况，而不理会这些现金流动是否归属于当期损益。另外，在权责发生制下，企业的利润表可以正常反映当期赊销、赊购事项的影响，而现金流量表则是排斥商业信用交易的。不稳定的商业回款及偿债事项使得“经营现金流量净额”比“净利润”数据可能出现更大的波动性。现金流量表只是一种“时点”报表，一种“货币资金”项目的分析性报表，因此，其缺陷与资产负债表很相似。显而易见，特定时点的“货币资金”余额是可以操纵的。

一些上市公司增加经营活动现金流的常用手法有：

（1）企业把筹资活动的现金流入放到经营活动现金流量中（如把从其他企业的借款宣称是购货单位的预付账款）；把经营活动支出放到投资活动中（如

把本来应属于本期费用的支出硬是和某项固定资产的购建联系起来），合在一起夸大经营活动的现金流量；将投资性流入粉饰为经营性流入。在企业经营活动现金流出结构不合理、现金流入规模较低，如实披露会出现“入不敷出”的状况下，上市公司往往选择将本应属于经营活动的现金流出，归入“投资活动的现金流出量”之列，从而使得企业经营活动现金流量净额大于零。

（2）人为地夸大经营活动现金流入量而减少现金流出量。

为了使经营活动的现金流量净额大于零，上市公司往往采用夸大经营活动现金流入量中的“销售商品、提供劳务收到的现金”，同时减少“购买商品、接受劳务支付的现金”的做法，从而使得企业获得正的经营活动现金净流量。常用的手段为：有意地压缩期末库存，推迟购货，以减少现金流出量；提前收回期末尚未到期的应收账款；推迟支付期末到期的应付账款，等等。

（3）利用合并会计报表的合并范围调整经营活动现金净流量。

按照《合并会计报表暂行规定》，在母公司通过直接或间接方式拥有被投资企业的50%以上的权益性资本，并能有效地对其实施控制，或者母公司虽未通过直接或间接方式拥有被投资企业的50%以上的权益性资本的情况下，母公司通过其他有效方法对被投资企业的经营活动能够实施有效控制时，应将被投资企业纳入合并范围；同时规定准备近期售出而短期持有其半数以上的权益性资本的子公司及一些特殊情况下的子公司可以不包括在合并范围之内。在实务中，其操作的随意性较大。如对于上市公司和上市公司的母公司（或其他不需纳入合并范围内的关联方）均拥有股权但又不属于合并范围内的经营现金净流量较高的被投资企业，上市公司可以通过受让母公司（或其他不需纳入合并范围的关联方）拥有的股权，使其对该企业的股权达到50%以上，或仅仅通过签订股权托管协议等形式而取得对被投资企业的实质性控制，将其纳入合并范围，增加合并现金流量表中的经营活动现金净流量的数额；同样，可通过转让需纳入合并范围但经营活动现金净流量为负数的子公司的部分股权，使其对该子公司拥有的股权在50%以下，或干脆以种种理由不将其纳入合并范围，亦可达到相同的目的。

（4）对应收账款期末余额的调节。

上市公司为了避免年度财务报表中的经营现金净流量恶化，可让母公司或大股东在期末大量偿还应收账款甚至先行支付预付货款，在下期再将资金以多种形式返回给母公司或大股东，对其他应收款账户亦可采用类似的手段。这种方式很容易调高当期经营活动现金净流量，但并没有改变母公司或大股东长期占用资金的现状。除此之外，上市公司还可能通过将应收账款销售给母公司或其他不需纳入合并范围的关联方的方式，将大量的应收账款转移到合并会计报表之外，并由此增加相应的经营活动现金净流量。这种销售可看成是上市公司的不良资产处置行为，或与关联方之间按现金流量表的美化需要而进行的资金流动而已。

（5）对应收票据的贴现。

特别是在会计期末向银行贴现商业票据，既可解决企业现金不足的困境，又可减少期末应收票据余额，增加销售商品、提供劳务收到的现金数额。但如果贴现的商业汇票到期时票据承兑人不能承兑，贴现银行会将贴现款划回或转为逾期贷款。因此，应收票据贴现实质上是企业筹措资金的一种形式，并不能改善企业的获现能力和收益质量。

（6）通过收到的税费返还来调节经营活动现金净流量。

由于上市公司与地方政府有着千丝万缕的联系和利益关系，当上市公司经营业绩持续恶化时，地方政府往往会不遗余力地予以支持。如将以往收到的税费返还给上市公司，这样既可大幅度提高企业的会计利润，又可向其注入实实在在的经营活动现金。但这种现金流入很难成为企业持续稳定的经营活动现金流入。

（7）通过对“其他收到的与经营活动有关的现金”项目的操纵来调节经营活动的现金流量。

实务上，企业准确划分现金流出、流入类别的一个关键是准确判定其他应收应付款项的现金流量类别。母公司把上市公司作为其资金来源的“抽水机”，长期占用上市公司资金，以及上市公司在社会资金匮乏的背景下利用其资金优势进行不规范的融资运作的情况，在我国当前的证券市场相当普遍。这种现象在财务报表上的具体反映就是“其他应收款”及“其他应付款”的金额畸形放大（个别情况下也会在“应收账款”上反映出来）。与这巨大的其他应收款、其他应付款相对应的现金流入、流出该作为哪一类现金流量来反映呢？现金流量表准则没有规定相应的处理方法。因为其金额巨大，不同的处理方法对现金流量表的编制结果会产生重大影响。从历年年报看，与巨大的其他应收应付款相对应的现金流入、流出的处理方法五花八门，但列入经营活动现金流量的较多。这从现金流量表中经营活动产生的现金流量类别下列出的“收到的其他与经营活动有关的现金”与“支付的其他与经营活动有关的现金”项目就可以看得出来。因为将“其他应收款”与“其他应付款”这两个资产负债项目的年初、年末差额计入了“其他与经营活动有关的现金”，使“其他与经营活动有关的现金”的收支额也畸形增大，接近甚至超过“销售商品、提供劳务收到的现金”与“购买商品、接受劳务支付的现金”的现象普遍存在。如果本期“收到的其他与经营活动有关的现金”大于“支付的其他与经营活动有关的现金”，就会使得经营活动产生的现金流量偏大，使该指标失准。有的企业在供、产、销经营活动中产生的现金流量不足，便采用向关联企业内部融通资金，并把这些资金的流入列为“收到的其他与经营活动有关的现金”的手法，使现金流量表中经营活动产生的现金流量更好看。

第三节　现金一大支流——投资

投资性现金流是现金流量表的第二项组成部分，反映企业对固定资产和有价证券的买卖，以及对其他企业的并购和自身经营资产的出售，包括对内和对外投资。投资活动有进来钱的地方，叫流入，有需要花钱的地方，叫流出。

投资活动产生的现金流入主要包括出售、转让固定资产或其他长期投资实际收到的资金，以及金融投资收回的本金和投资收益。投资活动产生的现金流出主要包括购建固定资产、无形资产和其他长期投资所支付的资金净额，以及如购买国债或投资股票等金融投资行为所支付的资金。

对于一家不断扩大再生产的公司，投资性现金流经常是负数，但这预示着公司的未来业绩可能会出现增长。道理很简单，若想业绩增长，就必须要先投资。相反，如果投资性现金流长期数额不大，甚至是正值，很可能反映出公司没有业绩扩张能力。所以，只要经营性现金流保持增长，投资者就不必紧张投资性现金流为负数。

先看看企业对内或对外投资哪些方面可以进来钱。与投资活动有关的现金流入分为四个方面（见图 7-3）。

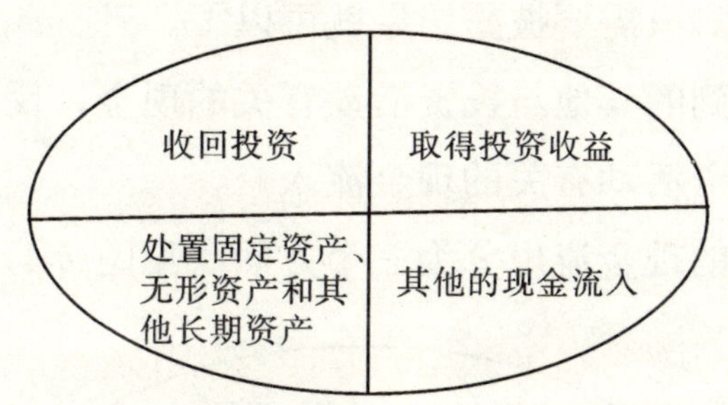

图 7-3　投资活动现金流入的四大板块

第一大板块为收回投资收到现金，表示如果企业的投资到期了，当它收回这项投资时，拿回了多少钱。比如我这家企业和另外一家企业联营，投资到期终止，清算的时候，它给了我多少钱。再比如，买了股票，现在把股票抛售出去，这个时候能拿回多少钱。

第二大板块为取得投资收益所收到的现金。如果企业进行投资，投资以后就要从企业获利，这是天经地义的。与第一个指标的区别是：第一个指标其实就是投资终止的时候拿回了多少钱，第二个指标是你在这个投资期间拿回了多少钱。比如和某企业联营，联营期限是 20 年，每年它给我分回多少钱，应该在第二个指标中反映，而第一个指标所披露的是终止清算的时候给你带回多少现金。

第三大板块为处置固定资产、无形资产和其他长期资产所收到的现金净额。现金流量表的披露也遵循重要性原则，对于重要业务要披露它的过程，而对于相对来说不太重要的业务，只需要告诉结果，不需要过程。如果一家企业处置、出售、报废固定资产和无形资产，相对来说，这样的业务在正常经营的企业里不应该算主要业务。既然不是主要业务，报表设计者就规定：只要告诉一个结果就可以了，不需要告诉过程。比如，企业卖了一台设备，拿回了20万元，可以说销售固定资产曾经流入20万元；同时，为了销售固定资产又花掉5万元，可以说为了销售固定资产，又产生现金流出量5万元。这个固定资产给我们带来多少现金呢？20－5＝15万元。如果这个业务对企业来说不是主要业务，那就无须告诉报表阅读者“曾经进来过20万元，又曾经花掉了5万元，所以现金增加了15万元”，可以直接告诉别人一个结果：“处置固定资产给企业增加现金15万元”。因为它的地位相对来说不重要，所以它不像买卖商品那样需要告知过程，只需要披露结果就可以了。

第四大板块为收到的其他与投资活动有关的现金，反映企业除上述项目以外所收到的其他与投资活动有关的现金流入。

与投资活动有关的现金流出分为三个方面（见图7-4）。

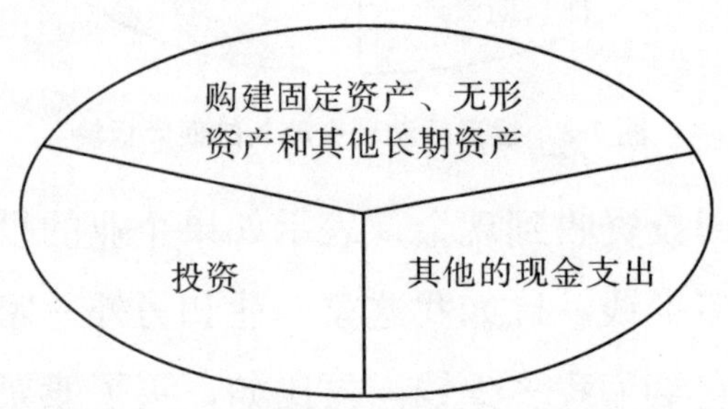

图7-4　投资活动现金流出的三大板块

投资活动所产生的现金流出量，就是钱花到哪里去了。第一大板块是企业的对内投资，主要指企业购建固定资产、无形资产和其他长期资产所支付的现金。企业购买固定资产、无形资产、其他资产都属于对内投资，这一部分是对内投资所付出的现金。第二大板块叫做投资所支付的现金，是告诉我们企业对外投资付出了多少钱，包括买股票、买债券和进行企业联营。第三大板块叫做支付的其他与投资活动有关的现金，就是除上述两项之外的其他投资项目所支付的现金。

第四节　又见一大支流——筹资

一般来说，筹资活动产生的现金净流量越大，企业面临的偿债压力也越大，但如果现金净流入量主要来自于企业吸收的权益性资本，则不仅不会面临偿债压力，资金实力反而增强。因此，在分析时，可将吸收权益性资本收到的现金与筹资活动的现金总流入相比较，所占比重大，说明企业资金实力增强，财务风险降低。

筹资活动所产生的现金流量，也可以从流入量和流出量两个方面来观察。企业与筹资活动有关的现金流入被划分成了三个方面（见图 7-5）。

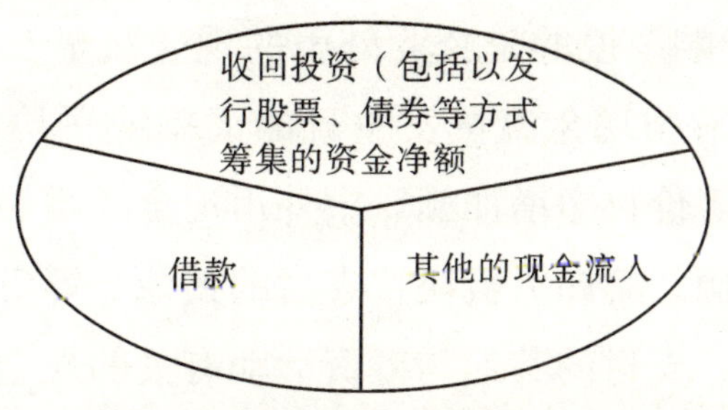

图 7-5　筹资活动现金流入的三大板块

收回投资所收到的现金包括企业以发行股票、债券等方式筹集资金实际收到的款项净额（发行收入减去支付的佣金等发行费用后的净额），而不包括以发行股票、债券等方式筹集资金但由企业直接支付的审计、咨询费用。借款所收到的现金是指企业向银行举借各种短期、长期借款所收到的现金。收到的其他与筹资活动有关的现金是企业除上述项目外所收到的与筹资活动有关的现金流入，如接受现金捐赠等。

企业进行筹资活动，钱是怎样花出去的呢？下面我们来看看与筹资活动有关的现金流出的四个方面（见图 7-6）。

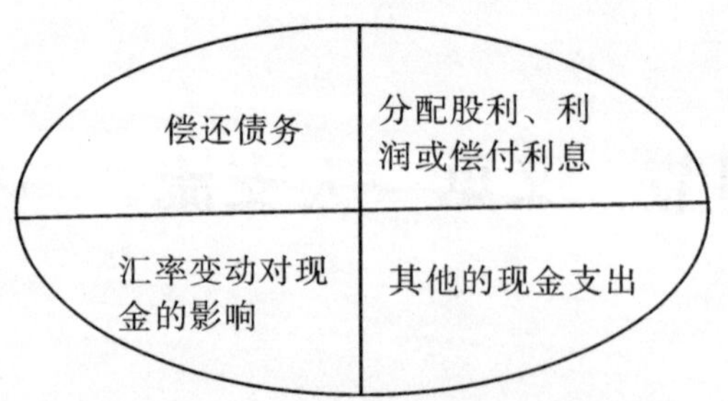

图 7-6　筹资活动现金流出的四大板块

第一大板块叫做“偿还债务所支付的现金”，就是偿还债务的本金部分我们花了多少钱。比如偿还短期借款、长期借款时，本金部分有多少钱在这里反映；再比如企业发行债券，到时也需要还本付息，把还本的部分放在这里面反映。偿付的利息则另外放在第二大板块“分配股利、利润或偿付利息所支付的现金”中反映，这样把还本作为一个指标，付息作为另一个指标，我们就会很容易分清楚企业在这个时间偿还债务的本金是多少、利息是多少。第三大板块“汇率变动对现金的影响”说的是企业外币的现金流量及境外子公司的现金流量折算成人民币时，采用现金流量发生日的汇率或平均汇率折算的人民币金额，与“现金及现金等价物净增加额”中外币现金净增加额按期末汇率折算的人民币金额之间的差额。第四大板块“支付的其他与筹资活动有关的现金”是企业除了上述各项外，支付的其他与筹资活动有关的现金流出，如现金捐赠支出、融资租入固定资产所支付的租赁费等。

如果把现金比作企业的血液，企业想取得新鲜血液的办法有二，其中一个就是通过筹资活动吸收投资者投资或借入现金。吸收投资者投资，企业的受托责任增加；借入现金会使负债增加，今后还要还本付息。在市场经济条件下，没有免费使用的现金，企业输血后下一步就要付出一定的代价。筹措的现金是否按计划用到企业扩大生产规模、购置固定资产、补充流动资金上，还是被经营方侵蚀掉了，这是投资者十分关注的事情。企业筹措现金、“生产”现金的能力，是企业加强经营管理、合理使用和调度资金的重要信息，是资产负债表和利润表所不能提供的。

第八天　解读股东权益变动表

◆第一节　了解股东权益变动表

◆第二节　股票选择权的争议

◆第三节　由融资顺序看前景

◆第四节　解读 IPO

◆第五节　上市公司的“信号弹”——股利分配

第一节　了解股东权益变动表

股东权益与负债的性质不同，负债有一定的偿还期限，债权人为了保障其债权，往往要求担保，而且在企业办理清算时，具有优先于股东的受到赔偿的权利；反之，股东所投入的资本并没有特定的偿还期限，也没有特定的担保以保障其所有权，而且在企业办理清算时，必须等到负债完全受到赔偿之后，才享有剩余财产的“瓜分权”。由于股东权益乃表彰股东对企业的请求权，不论是现有股东还是潜在的投资人，均相当重视股东权益及其变动的信息。

资产负债表表达了期末股东权益的内容，通过前后两期的资产负债表，虽然可以得知股东权益变动的大概情况，但是无法了解其增减项目的内容及原因等详细信息。损益表反映了企业的经营结果，然而本期损益仅为股东权益变动的因素之一，无法涵盖股东权益变动的完整信息。由于资产负债表及损益表均不能完整地提供股东权益变动的信息，因此有必要编制股东权益变动表。

股东权益变动表是反映企业在特定期间股东权益变动情况的报表，它详细列示股东权益及其各组成项目的增减变动，是股东了解上市公司投资权益时不可或缺的重要信息来源。股东权益的分类与报表使用者的需求相关，因此股东权益必须区分各种投入资本的来源、股本交易产生的溢价及营业结果产生的权益等，其分类必须能反映企业所有权者拥有收取股利或收回资本的不同权利，也能指出法律或其他规定对于企业分配或使用权益的限制。

一般而言，股东权益的组成项目包括股本、资本公积、保留盈余及股东权益其他调整项目。股本说的是向主管机关办理登记的资本额。股本可以分为普通股与特别股两种，普通股股东享有一般的股份权利，特别股则是具有普通股无法享受的优先权或特权的股票。资本公积说的是企业与股东间有关股本交易所产生的溢价，通常包括超过票面金额发行股票溢价、收到股东赠与及其他依据一般公认会计原则所产生的溢价，保留盈余说的是企业由营业结果所产生的权益，这在前面都已经介绍过。股东权益其他调整项目说的是造成股东权益增加或减少的其他项目。

从股东权益变动表我们可以看到企业在一会计期间内股东权益及其组成项目的变化过程，股东权益变动表提供了股本来源的数额与其增减变动情况，包括普通股及特别股的变动信息，有助于我们了解企业的资本形成；它反映了现金增资的信息，揭示了股本及股本溢价的金额，将股本及股本溢价的合计数除以发行股数，可以得到现金增资的发行价格，使我们据以评估企业筹资能力的大小；它提供了保留盈余的数额及增减变动，其中揭示了法定盈余公积、特别盈余公积、董事和监事的酬劳、员工红利、现金股利及股票股利等信息，有助于我们了解企业的盈余分配情况。除此之外，股东权益表所反映的现金股利、盈余转增资本、资本公积转增资本等金额，可据以计算当期的每股配息、配股等信息，使我们知晓企业的股利政策。利用股东权益变动表提供的期初与期末股东权益金额及本期净利的数据，将净利除以平均股东权益可以得到企业的股东权益报酬率，再与主要竞争对手或产业平均数加以比较，有利于我们评估企业股东权益报酬率在产业中的相对绩效。

$$\text{股东权益报酬率}=\frac{\text{净利}}{\text{平均股东权益}}$$

$$=\frac{\text{净利}}{(\text{期初股东权益}+\text{期末股东权益})\div 2}$$

【例】

股东权益变动表的阅读重点

表 8-1 为友达公司 2001 年的股东权益变动表资料，通过股东权益变动表的变动项目，可以分析股东权益变动的原因及状况。股东权益变动表的阅读重点如下：

1. 股本的变化情况。

股东权益变动表详列了当期股本的增减变动情形。在正常情况下，企业股本通常会呈现正向的变动，表示企业规模在不断壮大；反之，当企业经营不善，面临财务困难，进行重组减资以弥补累积亏损时，股本会出现负向变动，此时必须特别评估企业重组成功的可能性。

友达公司2001年度期初股本为2 384 945.1万元，期末为2 970 581.6万元，计增加了585 636.5万元，增加比率约为24.6%，增加的原因包括现金增资本377 336.5万元、盈余转增资本137 500万元、员工红利转增资本8 300万元及资本公积转增资本62 500万元。

表8-1 友达公司股东权益变动表

2001年1月1日～12月31日 （单位：万元）

项目	股本	资本公积	保留盈余		累积换算调整数	合计
			法定盈余公积	未分配盈余（待弥补亏损）		
2000年1月1日余额(重编后)	2 384 945.1	1 550 068.1	86.7	55 030.3	—	3 990 130.2
提取法定盈余公积	—	—	5 503.1	(5 503.1)	—	—
处分固定资产利益转到资产公积	—	5.3	—	(5.3)	—	—
2000年度净利	—	—	—	286 271.5	—	286 271.5
权益结合法合并之调整	—	110 150.2	—	(110 150.2)	—	—
累积换算调整数之变动	—	—	—	—	121.5	121.5
2000年12月31日余额(重编后)	2 384 945.1	1 660 223.6	5 589.8	225 643.2	121.5	4 276 523.2
现金增资	377 336.5	412 663.5	—	—	—	790 000.0
盈余提取及分配						
提取法定盈余公积	—	—	17 611.6	(17 611.6)	—	—
盈余转增资本	137 500.0	—	—	(137 500.0)	—	—
员工红利转增资本	8 300.0	—	—	(8 300.0)	—	—
发放董事和监事酬劳	—	—	—	(830.3)	—	(830.3)
资本公积转增资本	62 500.0	(62 500.0)	—	—	—	—
2001年度净损	—	—	—	(671 023.0)	—	(671 023.0)
权益结合法合并之调整	—	(210 547.5)	—	209 837.4	(293.7)	(1 003.8)
累积换算调整数之变动	—	—	—	—	1 062.4	1 062.4
2001年12月31日余额	2 970 581.6	1 799 839.6	23 201.4	(399 784.3)	890.2	4 394 728.5

2. 资本公积的累积情形。

资本公积为企业与股东间有关股本交易所产生的溢价。依《公司法》规定，资本公积除填补公司亏损外，不得使用。但无亏损者，应将“超过票面金额发行股票所得的溢额”及“受领赠与所得”的资本公积全部或一部分补充资本。换言之，资本公积的用途有一定的限制，不能用以分配股息及红利。资本公积累积越多，对企业来说越有保障。

友达公司 2001 年度期初资本公积为 1 660 223. 6 万元，期末为1 799 839. 6 万元，当期增加了 139 616 万元，增加比率约为 8. 4%，包括现金增资增加 412 663. 5万元、资本公积转增资减少 62 500 万元及按权益结合法合并调整减少 210 547. 5 万元。

3. 保留盈余的变动情况。

股东权益变动表揭示了保留盈余的数额及增减变动，除本期损益的结转外，影响保留盈余变动的主要因素即为盈余的分配。通过法定盈余公积、特别盈余公积、董事和监事酬劳、员工红利、现金股利及股票股利等信息，可以了解企业盈余的提取及股利政策的内容。

友达公司 2001 年度期初保留盈余为 231 233 万元，包括法定盈余公积 5 589. 8万元及未分配盈余 225 643. 2 万元；期末保留盈余为负数，即累积亏损 376 582. 9 万元，包括法定盈余公积 23 201. 4 万元及待弥补亏损 399 784. 3 万元。保留盈余净减少 607 815. 9 万元，其原因为当年度净损转入 671 023 万元、盈余分配减少 146 630. 3 万元及按权益结合法合并调整增加 209 837. 4 万元。

4. 股东权益其他调整项目的影响。

分析造成股东权益增加或减少的其他调整项目，可以了解长期股权投资是否低于账面值、外币交易或外币财务报表换算的差额、未计入退休金成本的净损失及库藏股票的买入与处分等情形。

友达公司 2001 年度造成股东权益增加或减少的其他调整项目仅有累积换算调整数一项，期初余额为贷方 121. 5 万元，期末为贷方 890. 2 万元，当期贷方净增加 768. 7 万元，增加比率约为 6. 3%。

5. 股东权益总额的变动。

最后，综观股东权益总额的变动情况，可以掌握股东权益总额变动的大概情况及其影响因素。此外，股东权益变动表所列的期初及期末股东权益总额，必定等于前后两期资产负债表上的股东权益总额。

友达公司 2001 年度期初股东权益总额为 4 276 523.2 万元，期末为 4 394 728.5万元，当期增加了 118 205.3 万元，增加比率约为 2.8%，其变动原因为现金增资 790 000 万元、发放董事和监事酬劳 830.3 万元、本期净损失 671 023 万元、按权益结合法合并调整减少 1 003.8 万元及累积换算调整数之变动增加 1 062.4 万元。

第二节　股票选择权的争议

股票选择权是一种权利契约，是买方支付权利金买下买入权或卖出权，约定在特定的到期日以特定价格买进或卖出标的股票的权利。举例来说，若看好某只股票会上涨，投资人可以较低价格买下买入权，在股票上涨后申请履约，买进股票并转手获利。若合约到期但资金不足，或股价低于履约价格，也可选择不执行买入权。股票选择权是衍生于个别标的股票，所以搭配股票的灵活操作方式，它可以为有股票的投资人规避股价下跌的风险。

给予高层经理人股票选择权并以此当作薪酬奖励的办法，在美国企业界十分普遍，在高科技业领域更为盛行。英特尔前总裁格鲁夫曾强力捍卫员工股票选择权对激励士气的价值："以我在知识产业服务 40 年的经验，我实在找不出有哪种方法，会比股票选择权更能有效地让员工与公司产生休戚与共的一体感。"然而，股票选择权是否该算成员工薪酬的一部分？这是近年来颇有争议的会计问题。针对这个问题，巴菲特一针见血地提出："如果选择权不是给员工的报酬，那它是什么？如果报酬不算费用，它又是什么？如果计算盈余时不必考虑费用，它算哪门子盈余？如果这种费用不列在利润表上，它到底该放在哪里？”可口可乐的首席财务官费亚德也坦率地说：“毫无疑问，股票选择权是薪酬的一部分。如果它没有价值，我们（指经理人）都不会要它。”

据统计，在2000年美国年收入前200名的高层经理人的薪酬中，股票选择权就占总薪酬的58%左右。若观察前100名大的网络公司，股票选择权占薪酬的比例更高达87%，其重要性可想而知。有关股票选择权的会计问题，本书用一个例子简单说明如下。

【例】2006年1月1日，迪达公司授予总经理20万股的股票选择权。这些股票选择权允许总经理在未来10年内，随时可用每股60元认购迪达公司的股票，最高可达20万股。目前公司的股价为60元，假设这些股票选择权产生的激励效果为2年，试问这些股票选择权是否该算作迪达公司的费用呢？

如果按照过去的一般公认会计准则，迪达公司完全可以不承认该公司有任何费用。因为在授予总经理股票选择权时，当时市价及总经理的可执行价格都是60元，总经理尚未得到任何好处。如果公司未来股价能上升，超过60元的部分才是总经理所得到的利益。

目前不管是美国的财务会计准则委员会（FASB）还是国际会计准则委员会（IASB），均规定应以公允价值来衡量员工股票选择权，并且在选择权产生激励效用的期间，承认员工股票选择权为营业费用的一部分。例如迪达公司利用适当的财务评价模型（这是财务管理课程的讨论项目），在授予股票选择权时，评估这20万股选择权的公允市价为200万元。由于激励效果预估为2年，因此在2006年及2007年，该公司必须各计列100万元的股票选择权费用。

此外，经理人执行选择权时，若公司用发行新股的方式支付（这是普通做法），就会造成流通在外股数的增加，产生降低每股收益的不良效果。根据最近的研究报告，在标准普尔500的公司中，因发放员工认股权，在2001年、2002年、2003年分别降低每股收益约20%、19%及8%。

第三节　由融资顺序看前景

按照国际经验，西方发达国家企业的融资次序大致是：企业的融资应首先考虑内源融资，也就是使用留利，只有留利不够时，才向银行等金融机构借款，或者金融市场上发行债券，最后的选择才是发行股票融资。企业的融资成本是按照自有资本、银行贷款、主板上市、创业板上市的序列递增的。

具体来说，企业融资方式的次序是，首先是自我积累，即通过内部资本积累进行内源融资。自我积累是通过企业生产的产品的销售取得利润，将其一部分转化为资本，进行资本积聚；或在固定资本更新前，将闲置的固定资本的折旧费进行积累。因为内部留存收益筹资无须任何实际支出，且无契约限制，具有操作简便、低风险、受约束小的特点。当然，在一般情况下，内源融资只能满足小型企业的发展需要，对于经营规模较大的大型企业来说，不会过多依赖于从企业内部筹资。其次是负债。负债或是以银行的贷款形成，或是以企业直接向社会发行债券而形成。随着现代信用制度的发展，通过贷款和发行债券获得的信用资本占企业总资本的比重在不断提高。负债或债务资本是债权人向企业投入的资本，这种资本对出资者来说，之所以被称为债权，是因为他们对企业的投资具有固定清偿性要求权。再次是发行股票。股权融资对于筹资者来说，可以获得一笔可观的创业利润；另外，股权融资不用偿还本金，这是人们热衷于股权融资的主要原因。最后是依托产权市场进行资产重组。通过资产重组实现企业资产和债务的调整，主要目的是使企业建立起合理的资产负债率和债务结构，提高企业资产的使用效率。

近年来，有研究显示，一般没有竞争力的企业才会不断通过融资活动（即筹资活动）向股东筹资。以沃尔玛为例，自上市以来它一直积极地广建卖场，每年的投资金额都十分庞大，它取得资金的融资活动，一直遵循以下的顺序

（见图 8-1）：

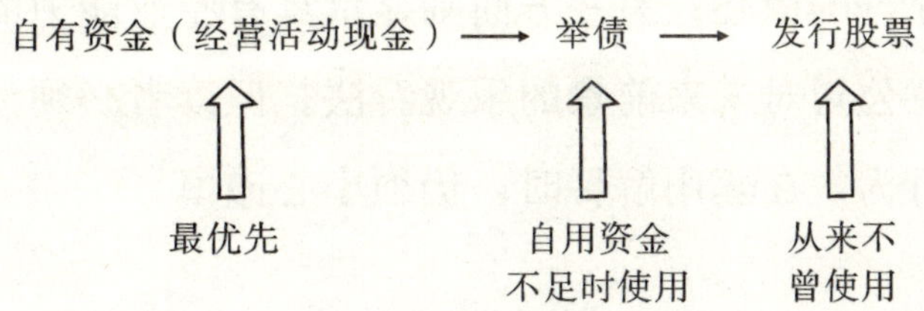

图 8-1　融资顺序

这种取得融资活动资金的顺序并不是巧合，它符合财务学著名的“融资顺位理论”。该理论认为，公司经理人与投资人之间存在信息不对称的现象。也就是说，比起投资人，公司经理人对公司未来的发展与其真正的价值拥有较多的信息。当公司经理人认为公司股价被高估且有资金需求时，倾向于对外采取权益融资（现金增资），而使财富由新股购买者转移至公司原有股东。由于理性的投资人了解这种情况，在公司宣告发行新股时，将向下修正他们对该公司的评价，使公司股价下跌。信息不对称的幅度越大，发行新股所造成的股价向下修正幅度也会越大。可转换公司债因兼具普通股的性质（通常可享有在股价上升过程中转换成股票的权利），当企业宣告发行可转换公司债时，股票市场也会出现负向的反应。请看表 8-2。

表 8-2　美国股市对企业融资活动的反应

融资来源	股价反应
发行普通股	−3.14%
发行可转换公司债	−2.07%
发行可转换特别股	−1.44%
发行私募债券	−0.91%
发行特别股（其经济性质类似公司债券）	−0.19%
签订银行贷款协议	+1.93%

上表为美国股票市场（股市较成熟，因此股价反应较理性）有关公司进行融资活动的部分实证结果。由该表的资料可以发现，对于发行权益融资，股价通常出现负的反应；相对的，采用银行借款方式者，股价则有正向反应

(1.93%)。之所以出现这种现象，一方面是因为企业勇于借款，代表对未来偿还利息与本金有充分的信心；另一方面则显示具有专业能力的银行在审核公司借款计划后，同意公司对未来前景的乐观看法。但读者必须注意，上述结果并非是中国市场的行为，在套用解释时，仍须小心谨慎。

第四节 解读IPO

所谓首次公开发行股票（Initial Public Offering，简称IPO），就是说一家从来未在股市上交易过的公司公开发行股票。要完成首次公开发行股票，公司必须选择承销商，拟定提交给证券交易委员会（简称证交会）的注册申请表，分发计划书初稿，准备并完成流动宣传，把证交会提出的修改意见融入注册申请表，决定股票价格和股票发行数量，完成上市并分发企业经营计划书。

虽然发行股权是融资途径的最后一项，但对首次公开发行股票的公司来说，从资本市场取得资金，是企业扩张、成长的重要方式。不过，公司首次公开发行股票后的经营绩效，是变好还是变坏呢？

著名财务金融学者里特尔汇总IPO相关实证研究后，指出了IPO市场特有的三种现象：

（1）短期折价。

新上市的公司，为吸引投资人以便顺利集资，通常会采取折价发行的方式，即以较低的价格发行，向股市透露其中隐藏的超额利润，吸引投资人购买该公司的股票。这个时期一般称为“蜜月期”，但是以台湾股市而言，“蜜月期”有逐渐缩短甚至完全消失的趋势。

（2）热门市场。

采取折价发行的方式，原本就会吸引大量的投资人购买，加上新股上市的宣传，会使新上市公司的股票成为热门标的。例如知名的网络搜索引擎谷歌公司，它以竞标拍卖进行 IPO，在承销手法上不同以往，吸引许多投资人以直接竞标参与 IPO，使谷歌不仅是网络业的热门品牌，也成为华尔街的热门股票。

（3）长期绩效较差。

据多数研究与观察发现，平均而言，IPO 的公司在上市、上柜后一段期间，公司股价会显著下降，并明显低于同时期大盘指数及同类个股的绩效。在欧美及中国的股市，这种现象都存在。

近年来，内地及香港股市掀起 IPO 热潮，新上市的股票因为在短期有不错的涨幅，使投资人纷纷加大投资。在这里我要提醒读者们，应该对这些投资标的作长远的评估。根据观察研究发现，IPO 的公司在上市 1～3 年后股价平均来说会普遍下降，也发现公司股价能维持良好表现的，多是在资产报酬率和营收成长率也表现优异的公司。因此，刚上市的公司股票通常只适合短期持有，不一定是中长期投资的良好标的，投资人必须耐心观察 IPO 公司的后续营运质量，以及其是否具备长期竞争力。

第五节　上市公司的“信号弹”——股利分配

上市公司管理层通过发放股利向股东发送相关信息，就是股利的信号传递作用，特别是股利分配政策的变化对股票价格和投资者行为都具有明显的影响。股利分配政策是上市公司对盈利进行分配或留存用于再投资的决策问题，在公司经营中起着至关重要的作用，关系到公司未来的长远发展、股东对投资回报的要求和资本结构的合理性。合理的股利分配政策一方面可以为企业规模扩张提供资金来源，另一方面可以为企业树立良好形象，吸引潜在的投资者和债权人，实现公司价值即股东财富最大化。在国外成熟的资本市场上，上市公司股利政策一般可以分为现金股利、股票股利、财产股利、负债股利四种方式，其中现金股利方式运用得最普遍。在中国股票市场上，公司常见的股利分配方式一般有三种：派发现金股利，送红股，公积金转增股。在我国的市场经济中，以现金股利、股票股利以及股票回购等形式体现的股利，特别是现金股利，不仅是广大投资者获取投资回报最基本、最主要的渠道之一，而且作为股东权利的现实体现，也是股份公司具有旺盛的生命力并得以维持、发展的一个重要基石。

现金股利是企业从保留盈余中提取、分配给股东的现金股息及红利，是最常见的股利分派方式，实务上称之为配息。例如，甲公司已发行面额 10 元的股票 10 万股，股本总额 100 万元，发放每股 1 元的现金股利后，甲公司的现金减少 10 万元，而保留盈余也减少了 10 万元。换句话说，发放现金股利将使现金及保留盈余减少，股东权益也因此减少。因此，企业如果没有保留盈余，就不得发放现金股利；而且如果没有足够的现金，也不宜发放现金股利。

严格地说，股票股利是指企业将盈余以股票的方式分配给股东，也就是将企业的盈余转作永久性的资本。然而，实务上习惯把盈余转增资本及将资本公积转增资本配发股票给股东，称之为股票股利，简称为配股。企业发放股票股利，并未改变股东权益的大小，而是使股东权益的组成成分产生变化。盈余转增资本将使保留盈余减少，股本增加；而资本公积转增资本则是资本公积减少，股本增加。股票股利的会计处理应作正式分录入账，其中小额股票股利采用公平市价法，大额股票股利采用账面值法。例如，甲公司已发行面额 10 元的股票 10 万股，股本总额 100 万元，假设企业办理盈余转增资本及资本公积转增资本，盈余配股每股配发 3 元，资本公积配股每股 2 元，因属大额股票股利，使甲公司的保留盈余减少了 30 万元，资本公积减少了 20 万元，股本增加了 50 万元。现金股利与股票股利的比较，汇总如表 8-3 所示。

表 8-3　现金股利与股票股利的比较

项目	现金股利	股票股利
股东权益总额	减少	不变
流通在外股数	不变	增加

（续表）

项目	现金股利	股票股利
股本总额	不变	增加
资产	减少	不变
每股账面值	减少	减少

股票股利的发放将使流通在外的股数增加，同样的，股票分割也具有增加流通在外股数的效果。股票分割是指当股票市价过高时，企业将股票面额减小，使股数等比例增加，以降低每股市价，增加股票流通量。例如，甲公司已发行面额 10 元的股票 10 万股，股本总额 100 万元；进行 1 股分割为 2 股的股票分割后，甲公司的股本总额仍为 100 万元，而面额降为 5 元，流通股数则增加为 20 万股。换句话说，股票分割后的股本总额并没有增减，保留盈余也没有改变，只是每股面额降低及流通股数增加了而已。股票股利与股票分割的比较，汇总如表 8-4 所示。

表 8-4　股票股利与股票分割的比较

项目	股票股利	股票分割
股东权益总额	不变	不变
流通在外股数	增加	增加
股本总额	增加	不变
每股面额	不变	减少
保留盈余或资本公积	减少	不变
会计处理	应作正式分录	仅作备忘录
目的	盈余或公积资本化	增加股票的流通性

上市公司还有一种股票叫做库藏股票。库藏股票说的是公司按照规定买回本身已经发行的股份，而且尚未再出售或者注销。买回已经发行的股票作为库藏股票时，实质上已付出现金，减少了流通在外的股份，亦即同时减少了资产及股东权益。库藏股票并非资产，而是股东权益的抵减科目。此外，库藏股票的股东权利可能受到法律的限制，如股利分派、表决权、优先认购新股、分派

剩余财产等权利的限制。

库藏股票是企业在公开市场以现金向股东买回自身的股票，而现金股利则是企业将现金移转分配给股东，两者均将企业的现金移转给股东，造成资产减少及股东权益减少。所不同的是，库藏股票是移转现金给出售股票的股东，而现金股利的发放则是依股东持股比率一体适用。而且，库藏股票为股东权益的其他调整项目，使得股东权益减少；现金股利则是通过保留盈余的减少而使得股东权益减少。

我国确实存在股利信号传递效应，而且送股的效应明显，但现金股利则不然。然而我国上市公司表现出滥用股利信号的倾向。国外上市公司在利用股利信号时往往比较慎重，大多采用相对稳定的股利分配政策，只有当公司的持久盈利受到非暂时性冲击时才改变股利分配政策，以向公众表明这种持久性的变化。如果变化是暂时性的，多采用额外股利等价值信号较小的方式来反映短期变化。而我国多数上市公司采用非稳定的股利分配政策，在公司持久盈利能力没有多大变化或出现暂时性冲击时，就频繁变动股利发放形式和数量来向市场传递信息。很多公司纷纷推出送股的分配方案，而我国送股具有显著的信号作用，这两者的相符也说明上市公司企图利用送股来传送信号以促使股价上涨，但这种股价的上涨却不代表公司价值的真正提升。上市公司滥用股利信号的行为会误导小投资者产生某种错觉，影响其决策的合理性，这是值得我们广大投资者高度警惕的。

第九天　财务报表附注

◆第一节　拨开附注的“画皮”

◆第二节　挖掘附注的“金库”

◆第三节　揭开分部报告的“面纱”

第一节　拨开附注的“画皮”

会计报表附注实际上是为了便于报表的使用者理解会计报表的内容，而对会计报表的编制基础、编制依据、编制的原则和方法以及主要项目所作的解释。财务报表附注是年度财务会计报告的重要组成部分。在我国，上市公司目前比较重要的两期报表，一个是中期报，主要指半年度报表，半年度报表必须要有财务报表附注；另一个是年报，即年终结算报表，而年终结算报表更需要有财务报表附注。

财务报表附注是对在资产负债表、利润表、现金流量表和所有者权益变动表等报表中列示项目的文字描述或明细资料，以及对未能在这些报表中列示项目的说明等。在一般情况下，企业的年度财务报表附注至少应包括以下主要内容：

（1）公司的基本情况。

这是编报人对公司的基本状况作一下交代，比如公司的历史沿革、所处的行业性质、经营的范围、主要产品和提供的劳务。公司在报告期内因收购、出售资产或者合并等一些重大的业务也应该在公司的基本情况里作一下交代。比如想了解公司的基本规模，可以看注册资金是多少；如果想了解公司的法定代表人是不是经常在换，可以看去年谁是法定代表人；如果想了解企业是真的还是假的，可以借助于法人营业执照号码去查询。

（2）主要会计政策及其变更情况的说明。

会计政策指的是会计核算时所使用的方法、原则等。编报人对会计报表作解释时，很有必要对所执行的会计政策作出解释。

（3）主要财务报表项目注释。

这是对报表项目的构成内容作出具体解释。比如，在资产负债表中，流动资产的第一项就是货币资金，在大标题“主要会计报表项目注释”后开始解释：“2009 年 12 月 31 日货币资金的余额是 1 000 万元，其中，现金人民币为××万元，现金美元为××万美元，折合后的人民币为××万元；银行存款中人民币存款为××万元，美元存款为××万美元，折合人民币为××万元。”然后下边接着写“汇票存款有××万元，本票存款有××万元”，最后小计 1 000 万元。读资产负债表时，只知道 12 月 31 日企业有 1 000 万元的货币，但是不知道具体是什么，当读到这里时，你会知道这 1 000 万元的具体构成内容。

(4) 或有事项说明。

或有事项指的是可能会发生，也可能不会发生，但企业无法控制的事项，意思是这件事情会不会发生企业无法控制。如果企业有这样的事项，就要求编报人作出详细说明。打个比方，就像拿出小红旗，上面写上几个字——“小心地雷”，再插上。这样，如果别人踩到了地雷，那是你自愿的；但如果没有插上小红旗，别人踩到了地雷，那企业就负有不可推卸的责任。这样的内容包括贷款担保、未决诉讼、产品质量担保等。

(5) 资产负债表日后事项中的非调整事项说明。

资产负债表日，就是每年的 12 月 31 日，这是报表编制的最后时点。日后，指的是 12 月 31 日以后。因为报表往外报需要一定的时间，12 月 31 日以后，你的报表报出之前，这段时间叫日后。比如企业中的会计制度规定，报告应该在 3 月底之前报出，决算年度的 12 月 31 日到下一年度的 3 月底之前，这段时间就叫“日后”。在这段时间里可能会发生一些事项，这些事项有两种事项：一种是调整的，一种是非调整的。非调整事项对于报表阅读者来说比较重要，因此编报人必须作出解释。

(6) 关联方关系及关联交易、非货币性交易及或有事项等。

报告期内发生的关联交易，若对于某一关联方在报告期内累计交易总额高于 3 000 万元，或占上市公司最近一期经审计净资产值 5%以上，或占本期净利润的 10%以上的，须披露详细情况。如果发生的交易属不同类型，应按要求分别披露。如购销商品、提供劳务发生的关联交易，至少应披露以下内容：关联交易方、交易内容、定价原则、交易价格、交易金额、占同类交易金额的比例、结算方式及关联交易事项对公司利润的影响。资产、股权转让发生的关联交易，至少应披露以下内容：关联交易方、交易内容、定价原则、资产的账面价值、评估价值、转让价格、结算方式及获得的转让收益；转让价格与账面价值或评估价值差异较大的，还应说明原因。公司与关联方（包括未纳入合并范围的子公司）存在债权、债务往来等事项的，应披露形成的原因及其对公司的影响。

（7）其他需要说明的事项。

如果上市公司认为前面的内容还不足以对公司的情况作出充分交代，还可以顺着继续往下写其他需要说明的事项。

通过以上介绍，可以知道一些研读报表的常识：对报表的数字产生疑问的时候，想了解方法，你可以看政策；想了解数字的构成内容，你可以看主要报表项目的注释；想了解企业环境，继续阅读财务报表附注。

第二节 挖掘附注的“金库”

财务报表中所描述的内容具有一定的固定性和规定性，只能提供数字化的财务信息；同时，列入财务报表的各项信息都必须符合会计要素的定义和确认标准，必须循规蹈矩、按部就班地一步步来。因此，财务报表本身所能反映的财务信息具有一定的局限性。财务报表附注是财务报表的补充，主要对财务报表中不能包含的内容或披露不详细的内容作进一步的解释。企业编制财务报表附注，有利于财务报表的使用者，包括投资者，也包括债权人、政府有关部门等，更充分地了解企业的财务状况、经营成果和现金流量状况，以便于他们作出正确的投资决策和信贷决策。

报表附注的作用具体表现如下：

第一，报表附注是对财务报表中重要的数据作出解释和说明，将数据具体化。这样便于广大投资者正确地理解财务报表，合理利用所需的会计信息，增进了会计信息的可理解性。

第二，报表附注可以提高企业会计信息的对比性。由于不同行业或同一行业中不同的企业的会计处理方法可在国家会计准则和会计制度规定的范围内根据企业自身的实际情况进行选择，因此就造成了各家企业在会计报表中所提供的会计信息存在着一定的差异。而且，在某些情况下，企业可能因所采用的会计政策发生变动而导致不同会计期间的会计信息失去了可比的基础。但通过编制财务报表附注，就有利于报表使用者了解会计信息存在的差异及影响的大小，从而提高了会计信息的可比性。

第三，报表附注主要以文字说明的方式，充分披露了财务报表所提供的信息，以及财务报表以外与报表使用者的决策有关的重要会计信息，有利于广大投资者全面掌握企业的财务状况、经营成果和现金流量等情况，从而作出正确的投资决策。

以存货项目的强制披露和自愿披露为例：对于一家存货占总资产比重达72％、占流动资产比重达94％的企业来说，存货项目蕴涵的风险和投资机会决定了企业的经营风险。如果企业仅按照有关要求对存货进行披露（即在报表项目注释中对存货按照其存在形态分为原料、在产品和产成品，加上低值易耗品和包装物等大类，对每一类别的期初、期末余额和相应的跌价准备覆盖情况，以及跌价准备的计提和回转进行披露），阅读者根本无法了解企业面临的经营风险，无法对企业的资产质量和经营成果进行评价，更无法根据财务报表提供的信息来对企业的未来进行预测。过于简单的信息披露，是不足以作为评价依据和决策依据的。但是，企业有权利只按规定进行信息披露，即只作强制性披露。

因此，在证券市场上，一家优秀的企业，首先是一家敢于把自身的经营风险暴露出来，让阅读者自己去评价的企业。财务报表附注披露得越详细，公司经营风险的透明度越高，信息使用的风险就越小。

2003 年上半年以来，投资对 GDP 的拉动效应继续放大，信贷规模急剧膨胀，货币供应量激增，人民币升值压力巨大。在这样的宏观背景下，央行制定了一些政策，引导商业银行加强对贷款风险的控制，尤其须以房地产行业作为重点监管对象。房地产企业的经营风险如何，财务报表中可以略窥一斑，但是以下的例子或许说明财务报表附注披露的详细程度更为重要。

下面举例说明报表附注项目披露的详细程度和企业经营风险的关系。

【例】

这里引用深圳万科企业股份有限公司 2002 年度的财务报告。截至 2002 年，公司的资产结构和负债比率的简单情况如表 9-1 所示。

表 9-1　资产结构和负债比率

（单位：元）

	2002 年年末	结构比例
流动资产	7 739 098 726.05	94.2%
长期投资	64 530 667.02	0.8%
固定资产	348 658 465.04	4.2%
无形资产及其他资产	63 534 450.19	0.8%
负债合计	4 789 363 433.39	58.3%
少数股权	45 689 831.60	0.6%
股东权益	3 380 769 043.31	41.1%

万科作为一个典型的房地产企业，流动资产占总资产的比例很高，达 94.2%。资产负债率为 58.3%；考虑到公司长期负债中有 15 亿元的可转换公司债券，若在未来一定时期内转换为股票，资产负债率可下降到 40%。由于流动资产占比高，所以要了解流动资产的构成。表 9-2 是公司截至 2002 年年末的流动资产结构表。

表 9-2　流动资产构成

（单位：元）

	2002 年年末	占总资产比重
货币资金	1 187 405 566	14.5%
应收账款	302 297 114	3.7%
其他应收款	139 889 752	1.7%
预付账款	128 417 736	1.6%
存货	5 936 170 097	72.7%
待摊费用	4 918 461	0.1%
流动资产合计	7 739 098 726	94.2%

流动资产中的存货占总资产的比重为72.7%，金额达到59.76亿元。由于存货的金额和比重很高，万科的资产质量和盈利能力都集中到存货的质量方面。按照《企业会计准则——存货准则》，对“存货”项目的附注披露包括：

（1）材料、在产品、产成品等类存货的当期期初和期末账面价值及总额；

（2）当期计提的存货跌价准备和当期转回的存货跌价准备；

（3）存货取得的方式以及低值易耗品和包装物的摊销方法；

（4）存货跌价准备的计提方法；

（5）确定存货可变现净值的依据；

（6）确定发出存货的成本所采用的核算方法；

（7）用于债务担保的存货的账面价值；

（8）采用后进先出法确定的发出存货的成本与采用先进先出法、加权平均法或移动平均法确定的发出存货的成本的差异；

（9）当期确认为费用的存货成本，如主营业务成本等。

其中（3）至（8）项是在附注的“会计政策”中披露的，而（1）、（2）和（9）三项是在表内项目注释中披露的。万科的“存货”项目注释按照上述规定，以存货的存在形态披露。

深圳万科2002年度财务报告中关于存货项目的披露如表9-3所示。

表 9-3　存货项目构成

（单位：元）

项目	2002 年 12 月 31 日		2001 年 12 月 31 日	
	金额	跌价准备	金额	跌价准备
已完工开发产品	1 341 790 216.07	17 263 008.3	1 189 843 769.75	17 174 856.86
在建开发产品	1 704 964 640.32		1 210 992 111.07	22 000 000.00
出租开发产品	246 674 291.08	7 700 000.00	216 566 631.79	6 700 000.00
拟开发土地	2 736 214 309.76	34 919 000.00	2 135 027 491.53	2 919 000.00
原材料	3 289 909.11		1 665 055.64	
库存商品	2 354 703.02	259 686.77	2 265 711.79	259 686.77
低值易耗品	1 023 722.02		1 309 561.14	
合计	6 036 311 792.16	60 141 694.90	4 757 670 332.71	49 053 543.63

在 2002 年年末存货中“已完工开发产品”占存货期末余额的 22%，“在建开发产品”占存货期末余额的 28%，“拟开发土地”占存货期末余额的 45%。

存货项目披露到这个程度，已经符合准则的要求了，但是财务报表的信息使用者是无法据此对企业的经营风险作出评估的，因为他们不知道企业的这些产品和储备的土地在哪里。房地产行业经营的地源性很强，房地产的销售除了产品的质量和对市场的细分以及企业的品牌效应外，与所在地区的购买力有很强的相关性。

深圳万科是房地产行业的龙头企业，其对品牌的经营策略、对产品的精确定位、对经营流程的标准化探索等使其在 10 年内迅速成长，目前被很多证券分析师认为是亚洲最好的房地产企业之一。该公司对存货项目的披露远远超过了强制性披露的要求。虽然很多企业都不愿意披露过多的财务信息，认为那样不仅会增加成本，更重要的是给竞争对手以窥测企业成本的机会。以下是深圳万科公司对“存货”项目的自愿披露情况。

表 9-4 是对上述“已完工开发产品”项目的明细披露。

表 9-4　已完工项目明细

（单位：元）

项目名称	竣工时间	期初余额	本期增加	本期减少	期末余额	跌价准备
深圳四季花园	2002 年 12 月	34 880 061	637 955 165	487 280 006	185 555 219	
深圳金色家园	2001 年 12 月至 2002 年 12 月	122 674 447	272 323 971	194 173 458	200 824 960	
深圳温馨家园	2001 年 6 月	96 535 082		30 169 941	66 365 141	
深圳万科俊园	1999 年 12 月	79 145 248	1 840 000	44 989 404	35 995 844	2 436 370
上海城花新区南块	2002 年 12 月		176 747 076	159 305 386	17 441 690	
上海城市花园	1999 年 12 月	37 328 899		25 045 719	12 283 181	
上海华尔兹花园	2001 年 6 月	37 246 920		36 670 330	576 590	
上海假日风景	2002 年 12 月	70 617 716	289 741 614	336 304 233	24 055 096	
北京城市花园	2000 年 12 月	12 673 965		9 896 498	2 777 467	
北京万科星园	2000 年 12 月至 2001 年 12 月	270 418 720	64 195 557	203 400 783	131 213 494	
北京青青家园	2002 年 12 月	85 058 515	400 011 128	319 597 952	165 471 691	
天津城市花园	1999 年 12 月	39 300 319		14 609 434	24 690 885	5 477 537
天津花园新城	2001 年 12 月	45 926 195	84 769 569	77 958 202	52 737 561	
天津美树丽舍	2002 年 6 月		157 913 452	137 805 881	20 107 571	
天津都市花园	2000 年 6 月	21 833 470	18 523 769	316 225	40 041 013	4 889 102
沈阳花园新城	2001 年 12 月	145 824 463	48 852 041	163 788 478	30 888 026	4 460 000
沈阳金色家园	2002 年 12 月		141 054 716	98 462 975	42 591 741	
沈阳四季化城	2002 年 12 月		189 267 189	114 900 920	74 366 269	
成都城市花园	2001 年 12 月至 2002 年 12 月	65 525 768	180 769 264	191 522 002	54 773 030	
武汉四季花城	2002 年 12 月		242 253 215	207 183 455	35 069 761	
长春城市花园	2002 年 12 月		214 733 791	157 463 258	57 270 533	
南昌四季花城	2002 年 12 月		126 547 370	120 029 898	6 517 473	
鞍山东源大厦	1997 年至 2002 年 12 月		51 355 683		51 355 683	

(续表)

项目名称	竣工时间	期初余额	本期增加	本期减少	期末余额	跌价准备
南京金色家园	2002 年 12 月		283 077 555	283 077 555		
其　他		24 853 982	3 098 934	19 132 619	8 820 297	
合　计		1 189 843 770	3 585 031 059	3 433 084 612	1 341 790 216	17 263 009

公司计提存货跌价损失准备，是根据项目的竣工时间和销售情况来进行的。报表使用者可以根据公司披露的信息来评估“已完工开发产品”项目的风险。

表 9-5 是“在建开发产品”各项目的明细披露。在建的产品可以为企业的未来带来收益和经营现金流。但是任何一个项目产生的收益或者现金流都具有不确定性，利用公司披露的项目所在地、名称、预计竣工时间等信息，可以对这些不确定性加以研究，甚至可以通过实地调研来加强对公司经营项目的风险的认识。

表 9-5　在建开发产品明细

项目名称	期末在建开工时间	预计下批竣工时间	期末在建预计总投资（万元）	期初余额（元）	期末余额（元）	跌价准备
深圳金色家园		已完工		69 997 167		
深圳四季花城		已完工		99 539 495		
深圳金城蓝湾	2001 年 9 月	2003 年 6 月	113 292	86 426954	453 394 239	
上海万科假日风景	2002 年 4 月	2003 年 9 月	42 592	63 612 631	155 918 002	
上海城花新区南块	2002 年 8 月	2003 年 8 月	48 082	37 149 847	145 613 667	
上海金丰项目	2002 年 11 月	2003 年 10 月	22 308		53 180 940	
上海四季花园	2002 年 10 月	2003 年 12 月	54 070		196 451 102	
北京星园	2001 年 11 月	2003 年 4 月	39 158	149 995 678	251 118 674	
北京青青家园	2002 年 8 月	2003 年 12 月	18 453	226 725 469	6 368 680	
天津花园新城西区	2002 年 8 月	2003 年 8 月	2 237	23 941 385	4 446 961	

（续表）

项目名称	期末在建开工时间	预计下批竣工时间	期末在建预计总投资（万元）	期初余额（元）	期末余额（元）	跌价准备
天津美树丽舍	2002年8月	2003年6月	15 035	98 924 590	70 908 276	
武汉四季花城	2002年6月	2003年6月	9 916	37 706 685	5 208 375	
武汉万科广场	转入	拟开发土地		97 783 872		
成都城市花园	2002年11月	2003年12月	3 454	41 780 150	12 405 372	
沈阳万科金色家园	2002年12月	2003年12月	34 227		145 392 821	
沈阳万科四季花城	2002年10月	2003年10月	25 447	95 105 714	70 781 319	
南京万科金色家园	2002年12月	2003年12月	17 194		55 114 344	
南昌万科四季花城	2002年10月	2003年6月	21 660	82 302 476	5 213 133	
长春城市花园	2002年10月	2003年11月	22 072	1 210 992 111	73 448 737	
合　计					1 704 964 642	

表9-6是“拟开发土地”各项目的明细披露。拟开发土地是公司的土地储备，是为未来进行项目建设的一种准备。土地储备表明了房地产企业在未来的经营项目，这些地块在开发前有可能升值，也有可能贬值。土地的价格变化取决于所在地区房地产的供求状态。根据公司披露的地块所处的区域，可以对土地价格的变动进行预测，从而把握公司在土地储备上的风险。

表9-6　拟开发土地

项目名称	预计下期开工时间	预计下期竣工时间	预计总投资（万元）	期初余额（元）	期末余额（元）	跌价准备
深圳四季花城	全部开工完毕			51 544 502		
深圳金城蓝湾	2003年3月	2004年12月	35 760	109 657 800	64 263 694	
深圳东海岸	2003年1月	2003年12月	116 717	424 304 882	466 723 297	
深圳溪涌项目	2003年3月	2003年12月	23 845		69 450 077	
佛山南海项目	2003年7月	2004年6月	127 700		23 640 205	

（续表）

项目名称	预计下期开工时间	预计下期竣工时间	预计总投资（万元）	期初余额（元）	期末余额（元）	跌价准备
上海城花新区南块	全部开工完毕			64 128 274		
上海四季花园后期	2003 年 1 月	2003 年 12 月	15 453	91 830 811	21 846 103	
上海浦东项目	2003 年 2 月	2004 年 1 月	130 000	41 431 726	193 257 796	
上海假日风景后期	2003 年 5 月	2004 年 7 月	76 480	155 704 288	114 492 863	
上海金丰项目后期	2003 年 5 月	2004 年 6 月	37 700	36 481 873	70 873 985	
上海城花未开工区	待定			12 999 755	12 999 755	
南京金色家园后期	2003 年 4 月	2004 年 6 月	19 316	112 027 444	62 214 236	
北京万科星园后期	2003 年 4 月	2004 年 6 月	41 458	23 489 526	146 435 254	
北京青青家园后期	2003 年 7 月	2004 年 12 月	35 780		19 759 367	
北京天秀项目	2003 年 7 月	2004 年 12 月	57 207	106 783 744	288 911 353	
沈阳金色家园后期	全部开工完毕			119 918 235		
沈阳四季花城后期	2003 年 3 月	2004 年 6 月	85 000	129 553 628	221 930 212	
成都城市花园后期	2003 年 4 月	2003 年 12 月	84 600	148 906 378	129 206 165	
武汉城市花园	2003 年 5 月	2004 年 4 月	待定		132 987	
武汉四季花城后期	2003 年 3 月	2003 年 12 月			978 673	
武汉万科广场	待定		待定		98 619 824	32 000 000
天津东丽湖项目	2003 年 7 月	2004 年 6 月		425 890 592	530 554 584	
天津水晶城	2003 年 3 月	2003 年 12 月			119 673 847	
天津花园新城商业	待定		待定	64 985 419	64 861 419	
天津世贸广场二期	待定		待定	15 388 614	15 388 614	2 919 000
合 计				2 135 027 491	2 736 214 310	34 919 000

从上述案例可以发现，企业的经营风险，是可以通过企业对重要项目披露的透明度来认识的。财务信息披露的透明度越高，阅读者掌握的信息越多，对风险判断的依据就越充分。

第三节　揭开分部报告的“面纱”

在企业对外提供的财务报表中，企业内部各组成部分提供的有关收入、资产和负债等信息的报告就叫做分部报告。提供分部报告必须首先确定报告主体的分部。所谓分部，是指企业内部可以区分的、专门用于向外部提供信息的部分，包括业务分部和地区分部。企业通常采用业务分部报告为主要分部报告形式。各分部达到规定的测试标准，可以在企业的财务报告中披露相关信息。达到报告分部的标准：

（1）10%的重要性标准：一个分部的营业收入达到企业各分部收入总额的10%以上；一个分部的营业利润或营业亏损达到营业利润总额或营业亏损总额两者绝对值中较大者的10%；一个分部资产达到各业务分部资产总额10%以上。要注意掌握10%标准的一贯性，排除偶然性。

（2）75%的比例标准：符合上述三项10%标准确认的报告分部所披露的对外营业收入必须达到核定总收入和企业总收入的75%，否则需增加报告分部的数量。

（3）数量不超过10个的标准：报告分部的数量一般不超过10个，如需增加报告分部数量，应对报告分部予以合并。

分部信息的披露，包括分部营业收入——要分别列示对外营业收入和对其他分部的营业收入；分部销售成本——要分别列示对外营业成本和对其他分部的营业成本；分部期间费用——只包括直接归属于或合理划分于某一分部的期间费用，不包括与企业整体相关的费用；分部营业利润；分部资产；分部负债；披露的分部信息与在合并财务报表和个别财务报表中总额信息之间的调节情况。对于不能直接归属于某一分部的资产、负债、费用、利润，要在未分配项目列示，使得分部信息加抵消分录加未分配项目等于合并报表信息或个别报表中的总额信息。这些数据一般均按集团内部交易抵消前的数额确定。

第十天　报表分析技巧

◆第一节　趋势比较

◆第二节　比率分析

◆第三节　因素分析

第一节　趋势比较

到现在为止，我们已经对四大报表的结构、内容等有了比较详细的认识，但还没有运用具体的财务指标对它们进行分析。也许你会问，运用财务指标对财务报表进行分析会不会很难啊？其实，财务报表分析并不复杂。今天，我们就向大家介绍财务报表的基本分析技巧，以及其在企业业绩评价分析活动中的运用。

趋势分析是财务分析中一种非常重要的分析方法。连续地观察企业数年的财务报表和财务比率，比只看一期能了解到更多的情况，并能判断企业财务状况的发展变化趋势。

第一招：比较财务报表

在具体比较、评价时，基本方法很简单，就是比较法。选用的标准确定后，一个就是和自己比，通常和上年作比较，比如净利润比上年增加还是减少，可以看出商品的获利水平是提高了还是降低了；还有一个是和行业比，因为在上市公司中，国家对上市公司的各种指标有年度统计，你可以和你要投资的这家企业所在行业的平均水平、最高水平作比较，看看有多大差距。我们可以自己编制比较财务报表，把两年或多年的财务报表中相同的项目进行对比，得出增减变动的金额和幅度，以便说明企业财务状况变动情况。现以表 10-1 为例说明如下：

表 10-1　比较财务报表

项目	1999 年	1998 年	1999 年比 1998 年增（减）	
			金额	幅度（%）
一、资产				
流动资产				
现金	12 000	10 000	2 000	20.0
应收账款	25 000	20 000	5 000	25.0
存款	30 000	30 000	0	0.00
流动资产合计	67 000	60 000	7 000	11.67
固定资产				
厂房设备（净值）	50 000	50 000	0	0.000
资产总计	117 000	110 000	70 000	6.36
二、负债与权益				
流动负债				
应付票据	11 000	10 000	1 000	10.00
应付账款	18 000	150 000	3 000	20.00
应付费用	6 000	5 000	1 000	20.00
流动负债合计	35 000	30 000	5 000	16.67
长期负债				5.26
公司债券	20 000	19 000	1 000	5.26
负债合计	55 000	49 000	6 000	12.24
三、股东权益				
普通股	30 000	30 000	0	0.00
保留盈余	32 000	31 000	1 000	3.23
权益合计	62 000	61 000	$1 000	1.64
负债与权益合计	117 000	110 000	7 000	6.36

通过上述趋势分析可以看到，该公司 1999 年资产总额增加了 7 000 元，比 1998 年增长了 6.36%，这主要是因为现金和应收账款的增加引起的。为了满足资产增加所需要的资金，在权益和负债方面也有了增长，其中增长最多的是流动负债部分。企业要结合具体情况分析流动资产与流动负债增长得是否合理，特别是对增长幅度较大的现金和应收账款要进行深入具体的分析。

第二招：比较百分比

比较百分比是把各年的财务报表先用百分比表示，然后把几年的百分比表示的报表汇总在一起构成一张报表的方法。比较百分比法能充分揭示财务报表中各项比例关系的变化趋势。

【例】迪达公司 2005—2007 年的损益表如表 10-2 所示，试用比较百分比财务报表对其财务状况的变动趋势进行分析。

表 10-2　迪达公司损益表

（单位：美元）

项目	2005 年	2006 年	2007 年
销售收入	100 000	120 000	140 000
销售成本	50 000	66 000	84 000
毛利	50 000	54 000	56 000
销售及管理费用	10 000	14 400	19 600
息税前利润	40 000	39 600	36 400

下面设各年的销售收入为 100%，以此为基准编制迪达公司的比较百分比财务报表（见表 10-3）。

表 10-3　迪达公司百分比损益表

项目	2005 年	2006 年	2007 年
销售收入	100%	100%	100%
销售成本	50%	55%	60%
销售毛利	50%	45%	40%
销售及管理费用	10%	12%	14%
息税前利润	40%	33%	26%

从表 10-3 中可以看出，迪达公司销售成本在销售中所占的百分比连年上升，销售及管理费用也在不断提高，因而，使得企业息税前利润在销售收入中所占的比重逐渐下降。这应引起财务人员和其他管理人员的重视，找出成本上

升、利润下降的具体原因，并力求寻找最合理的办法，扭转利润不断下降的趋势。

第三招：比较财务比率

前面在进行比率分析时，我们着重说明了各种财务比率如何计算，并解释了其在分析时的价值。将这些比率与同行业的财务比率进行比较，可以看出企业的财务状况如何。除此之外，如果我们把某一公司各年的财务比率按时间先后顺序进行比较，则可在一定程度上发现企业财务状况的变化趋势。表 10-4 是迪达公司 2003—2007 年的几种主要财务比率，从此表中，我们可以看出迪达公司的流动比率和速动比率都呈不断提高的趋势，这说明该公司的偿债能力和变现能力有所加强。但从资产方面的两个比率来看，资金周转具有减慢的趋势，因而变现能力比率的提高，可能不是因为流动负债减少造成的，而是由流动资产增加所致。从获利能力的两个比率来看，盈利能力有不断下降的趋势。这些都要作深入而细致的分析，查明具体原因。

表 10-4　迪达公司财务比率

项目	2003 年	2004 年	2005 年	2006 年	2007 年
流动比率	1.98	2.10	2.05	2.15	2.30
速动比率	0.88	0.95	0.92	1.23	1.31
应收账款收现期	30	35	40	45	50
存期周转率	5	4.5	4.2	4	3.5
销售净利率	12%	10%	11%	9%	7%
投资报酬率	18%	16%	15.5%	14%	13.5%

趋势分析是对连续数年的财务报表和财务比率所进行的分析，这比分析单个财务报表能了解到更多的情况，因为某一个时期的财务报表所表达的仅是川流不息的经营活动长河中的一个片断。趋势分析不仅能帮助财务人员取得财务状况变动趋势方面的信息，而且还能为财务预测提供一定的依据。但是，趋势

分析也有其致命的缺点，那就是：由于各偶然性因素的影响和会计核算方法的改变，不同时期的财务报表可能不具有可比性。所以，在进行趋势分析时，为了使分析数据不受偶然事件的影响，要对偶发性的特殊项目进行充分的考量。当会计核算方法改变时，要先进行调整以后再进行分析；在进行分析时，要对变化比较大或有重大问题的项目进行深入细致的分析，以发现管理上的失误。

第二节 比率分析

财务比率分析是一种很有效的财务分析方法。利用比率往往比利用一般数值更能说明问题，这是人所共知的，比如速度就是距离和时间的比率。对于一家上市公司，光说它赚了 50 万元，并不能说明什么问题。一个小摊贩一年挣了 5 万元，是个大数，而如果一家电力公司一年才挣 5 万元，那它就惨了。再进一步，对于业务差不多的公司，甲公司销售额为 15 万元，挣了 5 万元利润；乙公司销售额也为 15 万元，挣了 10 万元利润。哪一家公司经营得更好些？单是 5 万元利润这个数值不能告诉你真正的信息，所以，我们要用比率分析的方法。比率分析所用的比率种类繁多，下面我们把它分成变现能力比率、负债管理比率、获利能力比率三大类，并结合阿房达股份有限公司的两张报表（见表 10-5 和表 10-6）来加以说明。

表 10-5 阿房达股份有限公司资产负债表

2008 年 12 月 31 日 （单位：元）

资产		负债与股东权益	
一、流动资产		一、流动负债	
货币现金	45 00	应付票据	6 000
应收账款	21 000	应付账款	15 000
存货	18 000	应付工资	1 500

（续表）

资产		负债与股东权益	
流动资产合计	43 500	流动负债合计	22 500
二、固定资产		二、长期负债	
厂房与机器设备（净值）	10 000	应付公司债券	7 000
		负债合计	29 500
		三、股东权益	
		普通股（面值 5 元，发行在外 2 000 股）	10 000
		保留盈余	14 000
		股东权益合计	24 000
资产总计	53 500	负债与股东权益总计	53 500

表 10-6　阿房达公司损益表

2007 年 12 月 31 日至 2008 年 12 月 31 日　　　　（单位：元）

销售收入		100 000
减：销售成本	50 000	
毛利		50 000
减：销售及管理费用	30 000	
营业利润		20 000
减：利息	5 000	
利润总额		15 000
减：所得税	6 000	
净利润		9 000
现金股利	3 600	
保留盈余		5 400

第一类：变现能力比率

变现能力比率是反映企业短期偿债能力的一系列比率。企业的变现能力主要由流动资产和流动负债的关系来反映。分析和评价企业的变现能力，是企业的财务人员和管理人员、投资者、债权人都十分感兴趣的问题。反映变现能力的比率主要有：

1. 速动比率

速动比率又称酸性试验比率，是由速动资产与流动负债的对比而计算出的一项比率。

$$速动比率=\frac{速动资产}{流动负债}$$

公式中的速动资产包括现金、有价证券、应收票据和应收账款。之所以称这些资产为速动资产，是因为它们能迅速变为现金，偿还到期的债务。

一般来说，速动比率比流动比率更足以表明企业的偿债能力。习惯上，速动比率以1∶1为好。当然，还要结合企业所处的行业和具体情况来进行分析。上述阿房达公司的速动比率为：（4 500＋21 000）÷22 500＝1.13。

2. 流动比率

流动比率是根据流动资产和流动负债之间的关系所确定的比率。

$$流动比率=\frac{流动资产}{流动负债}$$

上式中的流动资产包括企业的现金、应收账款、有价证券和存货等，流动负债包括应付账款、应付费用、应付票据、短期内到期的长期债务、应付税款等。

流动比率是衡量短期偿债能力的通用比率，2∶1的流动比率一般被认为是令人满意的。流动比率过低，则表明企业短期偿债能力欠佳；流动比率太高，则可能是企业的现金、存货等有太多闲置。上述阿房达公司的速动比率为：43 500÷22 500＝1.933。

第二类：负债管理比率

流动比率能测量一家企业的短期偿债能力，但它不能测量一家企业的长期偿债能力。要估计长期偿债能力，必须用负债管理比率来测量。这类比率有：

1. 资本负债比率

资本负债比率是通过负债总额与股东资本总额即股东权益期末数相对比来计算确定的。这一比率用来衡量主权资金对负债资金的保障程度，该项比率越大，债权人所得到的保障就越小。

$$\text{资本负债比率}=\frac{\text{负债总额}}{\text{股东资本总额}}$$

上述阿房达公司的资本负债比率为：29 500÷24 000＝1.23，如果阿房达公司所处行业的资本负债比率的平均数为 0.98，那么，说明阿房达公司的负债比过高。但由于阿房达在固定资产上的投资不多，因而，这一比率并不一定是不合理的。

2. 负债比率

这一比率又称举债经营比率，是通过负债与资产总额对比而确定的一个比率。

$$\text{负债比率}=\frac{\text{负债总额}}{\text{全部资产净值}}$$

这一比率中的负债是指企业全部负债，资产则是指资产总值和除折旧以后的净值。如上述阿房达公司的负债比率为：29 500÷53 500＝0.55。

这一比率反映了债权人所提供的资本占自有资本的比率，这一比率太大，则说明举债太多，企业风险较大。当然，在分析时也要结合具体情况进行分析。

如果你是站在债权人的角度来看，假设一家企业的借入资本，在全部资本中只占较小的部分，则企业的风险主要由债权人来负担，因而债权人一般拒绝借款给负债比率太高的企业。

如果你是站在管理者的角度来看，利用较多债务进行经营，虽然风险较大，但是能够降低资金成本；反之，如果债务比重过小，或者企业根本不举债，那么，对企业来说可能比较安全，但却要付出较高的资金成本。

3. 长期负债对长期资本比率

以上两个比率在计算时都包含了短期债务，为了考察企业的长期偿债能力，可以计算长期负债对长期资本的比率。

$$长期负债对长期资本的比率=\frac{长期负债}{长期资本总额}$$

上述阿房达公司的这一比率为：7 000÷（24 000+7 000）=0.23。这一比率反映了企业长期偿还债务的能力。一般而言，不同行业对这一比率有不同的要求。如在制造业中，此项比率一般不宜超过33.33%，而在铁路和公用事业中，不超过50%也算是合理的。

第三类：获利能力比率

近些年来，无论是投资者还是债权人，都十分重视企业的获利能力，认为它比目前的财务状况更为重要，因为健全的财务状况必须由较高水平的获利能力来支持。企业管理者当然也十分重视获利能力，因为获利的多少，是评价管理成绩的最主要标准。这一类比率主要有：

1. 投资报酬率

投资报酬率是衡量企业资产净值的盈利能力的一个指标。其计算公式为：

$$投资利润率=\frac{税后利润}{全部资产净值}$$

上述阿房达公司的投资报酬率为：9 000÷53 500×100%=16.82%。投资报酬率反映了企业运用投入资本的成果，在西方，是一个十分重要的指标，也往往是总公司对分公司下达经营目标，进行内部考核的重要指标。

2. 销售净利率

销售净利率又称边际利润率，是根据净利和销售总额对比计算的比率，用以衡量每一元销售收入所获得的净利。其公式为：

$$销售净利率=\frac{税后净利}{销售收入}$$

上述阿房达公司的投资报酬率为：9 000÷100 000=9%。

3. 权益资本报酬率

这是以股东所投入的资本为基础计算的报酬率，其计算公式为：

$$权益资本报酬率=\frac{税后净利}{股东收入}$$

这说明，每100元股东权益，可获利37.5元。上述阿房达公司的权益资本报酬率为：9 000÷24 000=37.5%。这一比率十分重要，因为它会影响到市场上的股票价格。

第三节　因素分析

因素分析法就是根据要计算的指标与其构成因素之间的关系，按这一因果关系，把一个指标分成多个指标，以此来观察因素变动及其对指标影响的方法。因素分析是指将被研究的指标表示为若干因素的加、减、乘、除或者其他数学形式，这些因素可对指标产生直接影响。同时，还可根据分析的需要将这些因素作进一步的分解，以达到对研究对象分析透彻的目的，所以说因素分析法是一种说明性的分析方法，它着重揭示事务内部相互联系与制约的关系。

在因素分析过程中，我们常把某些受一个或几个原因影响所形成的经济现象叫做因果指标，而推动和决定指标的经济现象叫做因果因素。指标和因素的位置可以依一定的条件转化，如在分析产品成本指标时，材料成本是产品成本的一个组成因素；而在分析材料成本如何形成时，材料成本是一个分析指标，产品单耗和材料单价则是决定材料成本的因素。进行因素分析时，应在对企业生产经营活动特点和技术经济特点充分了解的基础上，将指标分解成各组成因素。有的指标同因素之间呈相互联系、相互制约的关系，也就是说可以明确地表现为数量关系；可以对各因素进行逻辑判断和推理，确定一定的数学分析模型，在分析中加以使用，如总成本指标与产量、单耗、材料单价之间的关系。有的指标与因素之间的关系不能用数量关系来表现，如利润指标同职工福利的关系则不能用数量分析来表现，但两者之间确实存在一定的内在联系，这是因素分析中不可忽视的现象。在作因素分析时，还应考虑分析的目的，对指标作不同形式的分解。如产品总成本可以表现为产量和单位成本之间的乘积，也可表现为产品各单位成本之和。如何选择所需要的因素，要从分析工作的目的出发。如资金利润率可以从下列公式中表现为若干项目的乘积：

$$资金利润率=资金产值率\times产值成本率\times成本利润率$$

但从经济意义上讲，应从另一数学模式中找出真正的影响因素：

$$资金利润率=\frac{利润}{资金占用额}$$

应该说利润水平和资金占用水平才是该指标的真正影响因素，所以，在财务分析时只能选择后者，不能选取前者。

第十一天　透视偿债能力

◆第一节　短期偿债能力

◆第二节　长期偿债能力

第一节　短期偿债能力

现今的商业活动，无论是企业的"选美"，还是业绩考核，都经常会应用到财务指标。我们借的钱，有流动负债和长期负债，就是说有的钱我1年内可以还，但有的钱要超过1年才能还。超过1年偿还的债务我们还可以喘口气，可以筹集资金，但是当务之急就是偿还在1年内需要偿还的债务。企业若缺乏短期偿债能力，不但无法获得有利的进货折扣，还有可能被迫出售长期投资或拍卖固定资产，甚至因无力偿还债务而导致破产。反映企业1年内短期债务偿还能力的指标主要见图11-1所示，我们将利用每一个指标对企业的短期偿债能力进行分析。

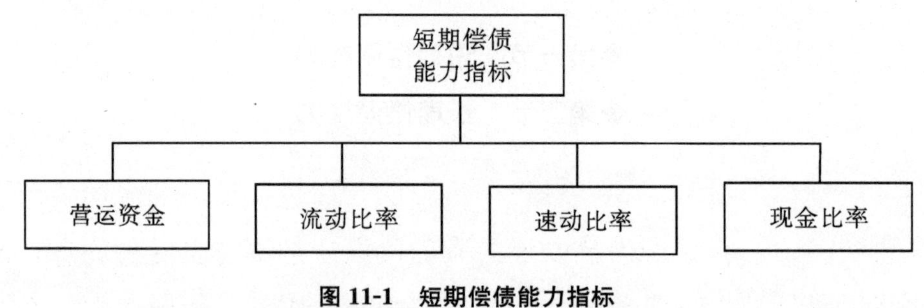

图11-1　短期偿债能力指标

指标一：营运资金

企业能否偿还短期债务，要看有多少债务，以及有多少可变现的流动资产。流动资产越多，短期债务越少，则偿债能力越强。如果用流动资产偿还全部流动负债，企业剩余的就是营运资金。用公式来表示就是：

营运资金＝流动资产－流动负债

营运资金实际上反映的是流动资产可用于归还和抵补流动负债后的余额。营运资金越多，说明企业可用于偿还流动负债的资金越充足，企业的短期偿债能力越强，债权人收回债权的安全性就越高。

企业能否偿还短期债务，要看有多少债务以及有多少可以变现用来偿债的流动资产。当流动资产大于流动负债时，营运资金为正，说明营运资金出现盈余。此时，与营运资金对应的流动资产是以一定数额的长期负债或所有者权益作为资金来源的。营运资金越多，说明不能偿债的风险越小，越能显示出企业具有较强的短期偿债能力；反之，当流动资产小于流动负债时，营运资金为负，说明营运资金出现短缺；此时，企业部分长期资产以流动负债作为资金来源，企业不能偿债的风险很大。

我们分析营运资金，还须分析营运资金的合理性。营运资金的合理性是指营运资金的数量以多少为宜。对于短期债权人来说，营运资金越多，贷款风险越小，因此，他们希望企业营运资金较多。营运资金的短缺会迫使企业为了维持正常的经营和信用，在不合适的时机按较高的利率进行不利的借款，从而影响利息和股利的支付能力。但这绝不意味着营运资金越多越好，因为较高的营运资金，说明企业的经营比较保守，意味着流动资产多而流动负债少。流动资产与长期资产相比，流动性强、风险小，但获利性差，过多的流动资产不利于企业提高获利能力。除短期借款以外的流动负债通常不需要支付利息，流动负债过少说明企业利用无息负债扩大经营规模的能力较差。由此看来，企业应保持适当的营运资金规模。

指标二：流动比率

流动比率指的是流动资产与流动负债的比率关系，它反映了企业可在短期内转变为现金的流动资产偿还到期的流动负债的能力。计算公式为：

$$流动比率=\frac{流动资产}{流动负债}\times 100\%$$

企业能否偿还短期债务，要看有多少短期债务和有多少可以变现偿债的流动资产。

对流动比率的分析，可从静态和动态两方面进行，见图 11-2 所示。

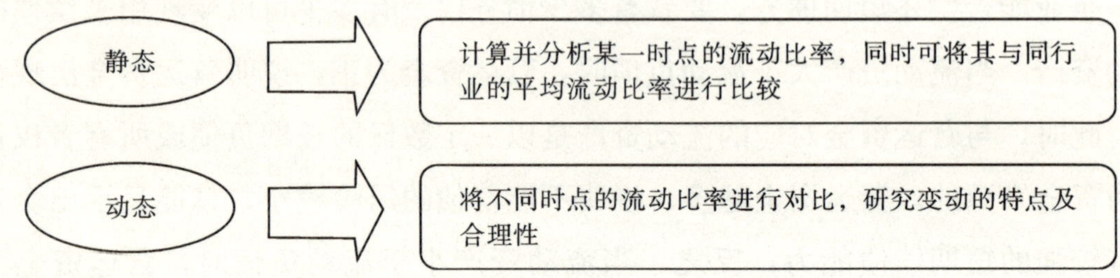

图 11-2 流动比率的动态和静态分析

一般认为，流动比率为 2 比较合适，这是人们根据长期经验得出的看法。但近些年来，在某些西方人眼中，只要流动资产不贬值，即使损失 50%，公司的偿债能力也丝毫不受影响。所以在很多情况下，并不能仅仅根据流动比率是否小于 2 来分析短期偿债能力是否正常。流动比率到底应保持在一个什么样的水平并没有确定的标准，一些数据也通常是由经验得来的，在实践中无从考证。不同行业由于经营性质、业务周期的不同，对流动比率的衡量标准也有所不同。具体分析时，必须和该企业历史数据及同行业平均数据进行比较，才能判断流动比率是否合适。更重要的是，必须通过该企业历史数据进行纵向比较和与同行业进行横向比较去查找高低差异的原因，以便深入分析财务管理中存在的问题。

指标三：速动比率

速动比率反映了速动资产对流动负债的比率关系，也是检验企业短期偿债能力的一个有效工具。由于剔除了存货等变现力较弱且不稳定的资产，因此，速动比率比流动比率能够更加准确、可靠地评价企业资产的流动性以及偿还短期负债的能力。其计算公式为：

$$速动比率=\frac{速动资产}{流动负债}\times 100\%$$

式中：

$$速动资产=流动资产-存货$$

或：

$$速动资产=流动资产-存货-预付账款-待摊费用$$

速动资产是指现金和容易转变为现金、几乎可以随时用来偿还债务的那些流动资产，一般由货币资金、短期投资、应收票据、应收账款等组成，但不包括存货和待摊费用。扣除存货，是因为存货在流动资产中变现速度较慢，有些存货可能滞销而无法变现，或已抵押出去，或已损失报废未作处理，而且存货的估价也存在成本与合理市价的差异。扣除预付账款和待摊费用是因为它们根本不具有变现能力，也就不可能用来还债。但在实务中，由于预付账款和待摊费用在流动资产中所占的比重较小，所以为简化起见，在计算速动资产时也可以不扣除这两项资产。

一般认为，速动比率为 1 或稍大较为合适。它表明企业的每 1 元流动负债就有 1 元易于变现的流动资产来抵偿，短期偿债能力有可靠的保证。如果速动比率过低，说明企业的偿债能力存在问题；但如果速动比率过高，则又说明企业因拥有过多的货币性资产，有可能丧失一些有利的投资和获利机会。

实际工作中，应考虑到企业的行业性质，例如商品零售行业，由于采用大量现金销售，几乎没有应收账款，速动比率大大低于 1，也是合理的。相反，有些企业虽然速动比率大于 1，但速动资产中大部分是应收账款，并不代表企业的偿债能力强，因为应收账款也不知道能不能按时收回来或者说能否收回来。所以，在速动比率中，应收账款的质量也是一个非常重要的方面。也就是说，应收账款的变现能力对速动比率的计算有很大的影响，所以我们又引入了反映企业短期偿债能力的另一个指标——现金比率。

指标四：现金比率

现金比率也称现金流动负债比率，是对速动比率的进一步分析。我们这里所说的现金，是指现金流量表中的现金及现金等价物。该比率反映的是现金及其等价物对企业流动负债的比率关系。计算公式为：

$$现金比率=\frac{经营性现金净流入}{流动负债}\times 100\%$$

现金流动负债比率是从现金流入和流出的动态角度对企业实际偿债能力进行再一次修正，可显示企业立即偿还到期债务的能力。该指标越大，表明企业经营活动产生的现金净流入越多，保障企业按时偿还到期债务的可能性就越大。一般情况下，如果该比率大于 0.25，可认为企业有较强的直接偿付能力。近几年，这项比率指标随着现金流量信息受到报表使用者的关注而被日益重视，运用它可对企业短期偿债能力作最保守的估计。它的不足之处在于：由于所含资产项目过少，显得过于保守；另外，由于计算现金流动负债比率时仅仅涉及流动资产中的现金及其等价物，因此我们在利用该比率时，必须考虑到各种使用现金的限制。

第二节　长期偿债能力

企业的长期债务是偿还期在 1 年以上的负债，包括长期借款、应付债券、长期应付款等。长期偿债能力是指企业偿还长期债务的能力，反映企业能够及时偿还长期欠款的程度。长期偿债能力的强弱反映了企业财务安全和稳定的程度，是企业债权人、投资者、经营者和与企业有关联的各方人士都十分关注的重要因素。反映企业长期偿债能力的指标主要有四个（如图 11-3 所示）。

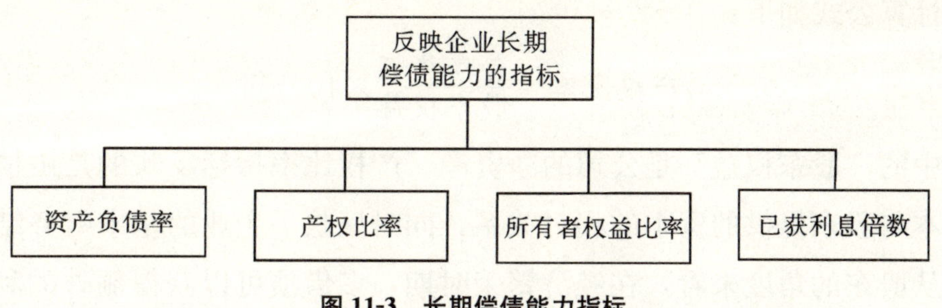

图 11-3　长期偿债能力指标

指标一：举债经营比重

资产负债率反映了企业的资产总额中有多大比例是通过借债筹集的。从资金的安全角度来看，如果一家企业的资产负债率适度，或者资产负债率比较低，那么这家企业在财务上是安全的；如果一家企业的负债率比较高，那么这样的企业财务结构就很不稳定，因为大量的资产是借别人的，而借别人的资产到时需要偿还。对于企业来说，由于借款所带来的风险，通常管它叫财务风险。

虽然不同的人有不同的观点，但适度或者比较低的资产负债率，可以认为这家企业的财务结构比较稳定，安全系数比较大。企业如果借了钱，最不安全的因素是：借了钱以后到时不能偿还。如果企业到时不能偿还债务，那么借钱的人很可能就会要求对企业进行清算，那么企业就会面临被“踢出局”的危险。资产负债率的计算公式为：

$$资产负债率=\frac{负债总额}{资产总额}\times 100\%$$

指标二：产权归属关系

产权比率反映的是企业负债总额与股东权益总额的比例关系，即债务股权比率。计算公式如下：

$$产权比率=\frac{负债总额}{股东权益}\times100\%$$

式中的“股东权益”是公司的净资产。产权比率指标反映的是由债权人提供的资本与股东提供的资本的相对关系，同时反映了企业的基本财务结构是否稳定。从股东的角度来看，在经济繁荣时期，多借债可以获得额外的利润；而在经济萎缩时期，多借债则会增加企业的利息负担和财务风险。可见，高的产权比率是高风险、高回报的财务结构的体现，低的产权比率是低风险、低回报的财务结构的体现。

权益资本是承担长期债务的一个基础。产权比率也表明债权人投入的资本受到股东权益保障的程度，或者说是企业清算时对债权人利益的保障程度。一旦企业清算解散，所有者权益就成了偿还债务的最后保证。《中华人民共和国破产法》规定，企业破产清算时，债权人的索偿权在股东之前，因此，产权比率指标和资产负债率指标具有同样的经济意义，对产权比率的分析可以参考对资产负债率的分析。

指标三：净资产的话语权

所有者权益是指企业所有者对企业净资产的要求权。计算公式如下：

$$所有者权益比率=\frac{所有者权益}{总资产}\times100\%$$

所有者权益的来源包括所有者投入的资本，以及直接计入所有者权益的利得、损失和留存。

指标四：举债经营的风向标

已获利息倍数是企业息税前利润与债务利息的比值，反映了企业对债务偿付的保证程度。计算公式如下：

$$已获利息倍数=\frac{息税前利润}{利息}$$

息税前利润就是指扣除利息和所得税前的正常业务经营利润。其中利息包括财务费用中的利息和已经记入资产中的利息两部分。记入资产中的利息虽然不在利润表中扣除，但始终是要偿还的。

该指标不仅反映了企业获利能力的大小，而且反映了获利能力对偿还到期债务的保证程度，它既是企业举债经营的前提依据，也是衡量企业长期偿债能力大小的重要标志。如果已获利息倍数较低，则说明企业的利润难以为支付利息提供充分保障，这会使企业失去对债权人的吸引力。一般而言。已获利息倍数至少要大于1，否则，企业就不能举债经营。为了正确评价企业偿债能力的稳定性，一般需要计算连续数年的已获利息倍数，并且通常选择一个数值最低的会计年度考核企业长期偿债能力的状况，以保证企业最低的偿债能力。

[illegible]

[illegible]

[illegible]

[illegible]

[illegible]

第十二天　透视获利能力

◆第一节　获利能力分析

◆第二节　股份公司税后利润解密

◆第三节　资产利用效率检验

第一节　获利能力分析

获利能力是指企业将所筹集的资金进行内部投资与外部投资而获取利润的能力。如果企业财务状况好，首先表现为它的盈利能力强。无论是投资人、债权人还是企业经营者，都日益重视和关心企业的获利能力。利润决定了投资者是否能取得投资收益，债权人是否能按时收取本息，体现了经营者的经营业绩和管理效能，保障了职工集体福利水平不断提高。

获利能力分析是企业财务分析的重点。企业的各项经营活动都会影响企业的获利能力，获利能力不仅充分展现了企业各环节经营活动的好坏，而且还是评价企业经营管理水平的重要依据。

一般来说，企业的获利能力只涉及正常的营业状况；非正常的营业状况虽然也会给企业带来收益或损失，但只是特殊状况下的个别结果，不是经常和持久的，不能说明企业的实际能力。因此，在分析企业获利能力时，应当排除证券买卖等非正常项目、已经或将要停止的营业项目、重大事故或法律更改等特别项目、会计准则和财务制度变更带来的累积影响等因素。

反映企业获利能力的指标很多，最常用的指标如图 12-1 所示。

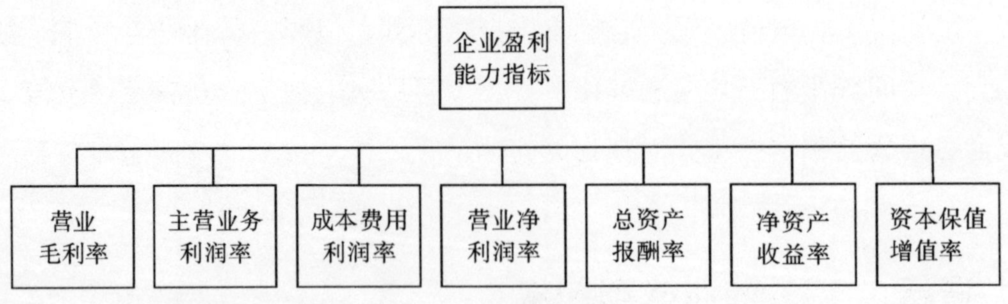

图 12-1　盈利能力指标

指标一：营业毛利率

营业毛利率是指公司本期获得营业毛利和营业收入净额之间的比率。营业毛利率的计算公式为（式中的营业收入净额指公司营业收入总额减去销售退回与折让之后的差额）：

$$\text{营业毛利率}=\frac{\text{营业毛利}}{\text{营业收入净额}}\times 100\%$$

$$=\frac{\text{营业收入净额}-\text{营业成本}}{\text{营业收入净额}}\times 100\%$$

营业毛利率可以精确地反映每1元营业收入中营业毛利的比重。通过它可以知道企业产品销售的初始获利能力。对报表的使用者而言，营业毛利率总是越高越好。营业毛利率越高，则扣除各项支出后的利润也越高，企业的获利能力越强；反之，则公司的获利能力越低。将营业毛利率分析与营业毛利额分析相结合，可以评价公司对管理费用、财务费用、营业费用等费用的承受能力。

如果我们将连续几年的营业毛利率进行分析，可以全面了解公司获利能力的发展趋势。不过，在具体评价某一家企业的获利能力时，应将该企业的营业毛利率和其他企业的水平或同行业平均水平进行对比，这样才能客观、准确地评价企业获利能力的高低。

一般情况下，行业不同，毛利率也有所不同，但同一行业的毛利率一般相差不大。与同行业的平均毛利率比较，可以帮助我们揭示企业在定价政策、产品或商品推销及成本控制方面存在的问题。

指标二：主营业务利润率

主营业务利润率是企业一定时期主营业务利润与主营业务收入净额的比

率。计算公式为：

$$主营业务利润率=\frac{主营业务利润}{主营业务收入净额}\times100\%$$

该指标反映了企业的主营业务获利水平。主营业务利润率越高，企业主营业务的市场竞争力越强，发展潜力越大，获利能力也越强。企业只有保持较高的主营业务利润率，才能在竞争中占据优势地位。

需要说明的是，从利润表来看，企业的利润包括主营业务利润、营业利润、利润总额和净利润四种形式，而主营业务收入则包括商品销售收入、劳务收入和让渡资产使用权收入等。因此，在实务中也经常使用营业净利率、营业毛利率、主营业务净利润率以及营业利润率等指标来分析企业主营业务的获利水平。其计算公式见表 12-1。

表 12-1　主营业务的获利水平指标公式

指标名称	计算公式
营业净利率	$营业净利率=\frac{净利润}{营业收入净额}\times100\%$
营业毛利率	$营业毛利率=\frac{营业收入净额-营业成本}{营业收入净额}\times100\%$
主营业务净利润率	$主营业务净利润率=\frac{净利润}{主营业务收入净额}\times100\%$
营本利润率	$营业利润率=\frac{营业利润}{主营业务收入净额}\times100\%$

指标三：成本费用利润率

成本费用利润率是企业一定时期的利润总额与企业成本费用总额的比率。成本费用利润率表示企业为取得利润而付出的代价，它从支出方面补充评价企业的收益能力。计算公式为：

$$成本费用利润率=\frac{利润总额}{成本费用总额}\times100\%$$

成本费用利润率指标表明每付出一元成本费用可获得多少利润。体现了经营耗费所带来的经营成果。该指标通过将企业收益与支出进行直接比较，客观地评价了企业的获利能力。该指标从耗费角度补充评价企业的收益状况，因此该指标越高，表明企业为取得收益所付出的代价越低，企业成本费用控制得越好，企业的经济效益越好，获利能力越强。

指标四：营业净利润率

营业净利润率是净利润与营业收入净额的比率。计算公式为：

$$\text{营业净利润率}=\frac{\text{净利润}}{\text{营业收入净额}}\times 100\%$$

营业净利润率反映了企业每经营一元钱所获得的净利润。营业净利润率越高，说明企业通过销售产品或经营业务获取利润的能力越强。有些时候，通过营业净利润率和营业毛利率的比较，还可以看出企业生产部门和销售、管理部门的工作情况。如果企业营业毛利率很高，而营业净利润率很低，则说明企业生产部门工作做得较好，销售和管理部门工作做得不好。

指标五：总资产报酬率

总资产报酬率也称总资产利润率，是企业利润总额与资产平均总额的比率，它反映了企业总资产的获利能力。计算公式为：

$$\text{总资产报酬率}=\frac{\text{息税前的利润}}{\text{资产平均总额}}\times 100\%$$

$$=\frac{\text{利润总额}+\text{利息费用}}{\frac{\text{期初资产}+\text{期末资产}}{2}}\times 100\%$$

该比率表明企业每一元资产的经营能带来多少利润，全面反映了企业的获利能力和投入产出状况。通过对该指标的深入分析，可以增强各方面对企业资产经营的关注，促进企业提高单位资产的收益水平。该比率越高，表明企业总资产的获利能力越高。

总资产利润率的分析，对债权人及企业经营者，特别是对投资者具有重要意义。因为，如果总资产报酬率高于同期的银行贷款利率，银行贷款利息的逐期收回就有较大的保障；而企业管理者也可以依照总资产利润率的状况，决定相应的筹资决策；作为投资者，投出的资本可以获得高于银行同期贷款利息的收益，还能获得企业资本增值的潜在收益。该指标越低，则说明企业资产利用效率越低。

指标六：净资产收益率

净资产收益率是净利润与平均净资产的比率，又叫净值报酬率或股东权益报酬率。计算公式为：

$$净资产收益率=\frac{净利润}{平均净资产}\times 100\%$$

净资产收益率反映了企业股东的投资报酬率，是评价股东权益财务状况的重要指标。每位投资者都希望能够最大限度地获取收益，因此他们更关心的是企业净资产收益率，它直接关系到企业的长久发展能力和投资者对企业未来的信心。如果是上市公司，净资产收益率的大小将直接影响公司的每股收益和一系列的市场表现。

企业从事财务管理活动的最终目的是实现所有者财富最大化，从静态的角度来看，首先就是最大限度地提高净资产收益率。因此，该指标是企业获利能力指标的核心，而且也是整个财务指标体系的核心。一般来说，企业净资产收益率越高，权益资本获利能力越强，也就是说投资者所拥有的财富在不断增长。如果企业净资产收益率能在一段较长的时期内持续增长，说明企业的获利能力稳定上升。如果是上市公司，公司的股价就会上涨，公司的价值就会不断增长。

指标七：资本保值增值率

资本保值增值率是期末所有者权益总额与期初所有者权益总额的比率，它反映了投资者投入企业的资本是否等于初始投入的金额，以及有没有增值，增值的程度如何。计算公式为：

$$\text{资本保值增值率}=\frac{\text{期末所有者权益总额}}{\text{期初所有者权益总额}}\times 100\%$$

资本保值增值率表示企业当年的资本在企业自身的努力下的实际增减变动情况，它是评价企业财务状况的辅助指标。该指标从两个方面考核企业经营者对所有者权益的保障程度：一方面要求按照资本金保全原则的要求管好、用好投资者投入的资本，在生产经营期间，除了投资者依法转让投资外，不得以任何理由抽走资本金。企业必须保持与其生产经营规模相适应的资本金，以保证财务状况的安全性和稳定性，为提高企业的获利能力奠定基础。另一方面要求实现获利的企业还要注重内部积累和再投入，以保证自我发展能力，增强企业长期获利能力，长久地保障投资者的权益。该指标越高，表明企业的资本保全状况越好，股东权益增长越快，债权人的债务越有保障，企业发展后劲越强。

第二节　股份公司税后利润解密

企业获利能力分析可从获利能力一般分析和股份公司税后利润分析两方面进行。前一节已经对一般获利能力分析方法进行了介绍，下面来看股份公司税后利润分析所用的指标（如图 12-2 所示）。

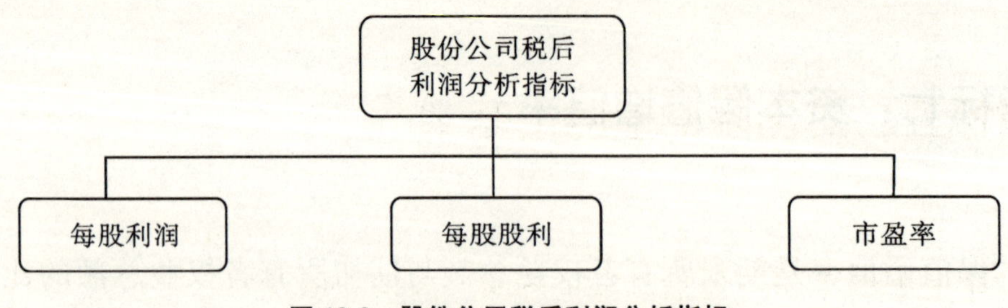

图 12-2　股份公司税后利润分析指标

指标一：一股分得多少利润

股份公司中的每股利润是指普通股每股税后利润。该指标中的利润是利润总额扣除应缴所得税的税后利润，如果发行了优先股还要扣除优先股应分的股利，然后除以流通股数，即发行在外的普通股平均股数。计算公式为：

$$普通股每股利润=\frac{税后利润-优先股股利}{流通股数}$$

每股利润为每一股普通股可以分得企业当期利润的多少，它反映了企业普通股股东的获利水平。企业的每股利润越高，表明企业的获利能力越强。

指标二：一股收获多少股利

每股股利是指现金股利总额与年末普通股股数之比。

$$每股股利=\frac{现金股利总额}{年末普通股股数}$$

每股股利表现的是每一普通股获取股利的大小。该指标越高，股本获利能力越强。该指标的高低，一方面取决于该公司的获利能力，另一方面还受公司股利政策的影响。如果公司为了扩大再生产，增强企业的后劲而多留获利，则每股股利可能就少；反之，则多。

指标三：走出梦幻般的市盈率

市盈率是每股市价与每股利润的比率。计算公式为：

$$市盈率=\frac{每股市价}{每股利润}\times100\%$$

上交所每日行情表中，市盈率就是当日收盘价格与上一年度每股税后利润的比值。该指标是反映股票价格的一个重要比率，它表明市场上的投资者对每元净利润所愿意支付的价格。它可以用来衡量股票的投资报酬和风险，是市场对上市公司的期望值指标。市盈率越高，表明市场对公司的未来越看好。在市价确定的情况下，每股利润越高，市盈率就越低，投资风险就越小。在每股利润确定的情况下，市价越高，市盈率就越高，风险也就越大。

现在的中国股市有着梦幻般的市盈率。股市历经轮回，2000 年网络科技股疯行时期的市盈率高得如此难以想象。那么，现在是否意味着 A 股又要走到行情的尽头？从现时股市所处的背景看，恐怕还不能轻易下结论。当年大盘 2 000 点时整体市盈率高达 60 倍，按此计算，3 500 点的大盘似乎应该还有1/3的市盈率空间。不过，现在是全流通时代，整体接近 40 倍的 A 股市盈率并不低。梦总是要醒的。应对市盈率最现实的办法就是度量好性价比，或等待价值回归。

第三节　资产利用效率检验

营运能力反映了企业资产的利用效率。营运能力强的企业，有助于获利能力的增长，进而保证企业具备良好的偿债能力。除了反映企业的获利水平，营运能力还反映出企业基础管理、经营策略、市场营销等方面的状况，因而进行企业营运能力的分析十分必要。其作用如图 12-3 所示。

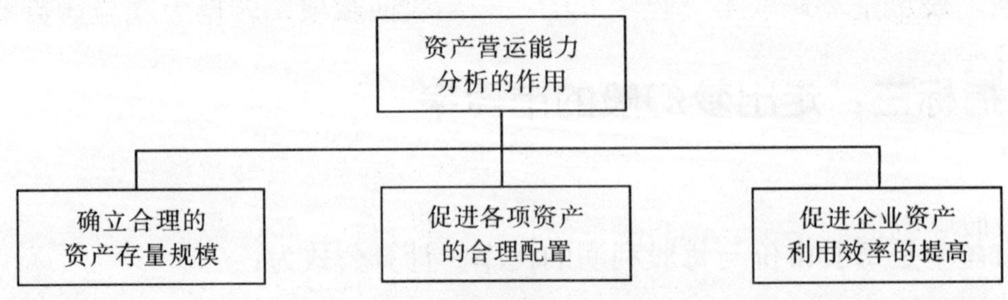

图 12-3 资产营运能力分析的作用

企业营运能力分析主要包括流动资产周转情况分析、固定资产周转情况分析、总资产周转情况分析。

1. 流动资产周转情况分析

反映流动资产周转情况的指标如图 12-4 所示。

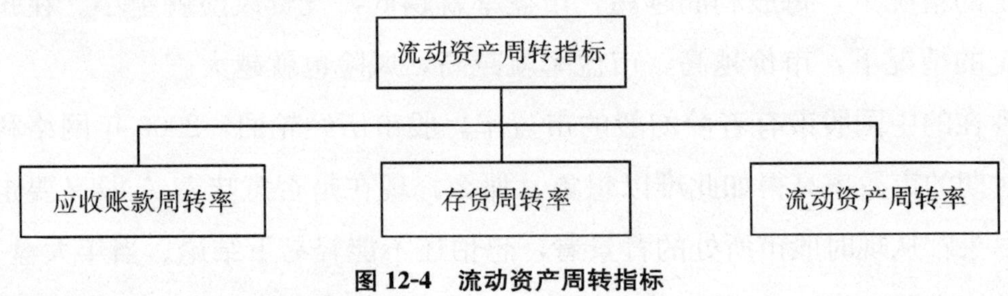

图 12-4 流动资产周转指标

指标一：应收账款周转率。

应收款回收的速度是快还是慢可以用应收账款周转率来检验。它表明本期内应收账款转为现金的平均次数，即在一年中应收账款翻了几次本。因为存货属于资产，既然是资产，平均应收账款余额就应该是一个平均数，不能是一个时点数，应该用首尾相加除以 2。计算公式为：

$$应收账款周转率（次数）=\frac{赊销净额}{平均应收账款余额}\times100\%$$

式中：

赊销净额=销售收入—现销收入—销售退回、折让、折扣

$$平均应收账款余额=\frac{应收账款期初余额+应收账款期末余额}{2}$$

用时间表示的应收账款周转速度为应收账款周转次数，也称平均应收账款

回收期，表示企业从取得应收账款的权利到收回款项、转换为现金所需要的时间。计算公式为：

$$年度应收账款周转天数=\frac{360}{年应收账款周转次数}$$

应收账款周转越快，说明企业资产流动性越强，短期偿债能力也越强。同时，提高这一比率还可以降低坏账发生的可能性，在一定程度上弥补流动比率低给债权人造成的不良印象等。但是如果这一比率过高，可能是由于企业的信用政策、付款条件过于苛刻所致，这样会限制企业销售量的扩大，进一步影响获利水平。

指标二：存货周转速度。

存货周转率也称存货利用率，是企业一定时期的销售成本与平均存货的比率。计算公式如下：

$$存货周转率=\frac{销售成本}{平均存货}\times 100\%$$

在正常情况下，存货周转速度越快，存货的占用水平越低，流动性越强，存货转换为现金或应收账款的速度越快。比如说，我花 20 元钱买了一件商品，那么我在商品上占用了多少钱？20 元。我把商品卖掉，销售成本有 20 元，然后我拿着这 20 元（还是这 20 元钱，因为卖掉后把钱收回来了）再买商品，再把它卖掉，我的成本是又一个 20 元，那就是两个 20 元。所以销售成本是多少呢？40 元。我在商品上占用了多少资金呢？20 元。把 40 元放到分子上，叫销售成本；而把 20 放到分母上，叫在商品上占用的资金。如果一年内做了两次买卖的话，这 20 元一年就翻了两次本，等于用 20 元钱做了两次 20 元钱的买卖。周转率越高，说明企业资产的营运效率就越高。存货周转率越低，就说企业存货的使用效率就越低。它是从效率上来讲的。

存货周转状况也可以用存货周转天数来表示。计算公式如下：

$$存货周转天数=\frac{360}{存货周转率}$$

存货周转率是越高越好，而存货周转天数是越少越好，因为它是周转一次用多长时间，方向正好相反。

指标三：流动资金变现能力。

流动资产周转率是指企业一定时期内的销售收入净额与流动资产平均余额的比率。计算公式为：

$$流动资产周转率=\frac{销售收入净额}{流动资产平均余额}\times 100\%$$

式中：

销售收入净额＝销售收入—销售退回—销售折扣与折让

$$流动资产平均余额=\frac{流动资产期初余额+流动资产期末余额}{2}\times 100\%$$

流动资产周转率可用来检查资金和利息节约与浪费的情况。流动资产周转率越高，说明企业流动资金周转速度越快，变现能力越强，资金利用率越高，同时还将增强企业的偿债能力和获利能力。

2. 固定资产周转情况分析

通常我们用固定资产周转率来对一家公司固定资产的营运状况进行考核与评价。计算公式如下：

$$固定资产周转率=\frac{销售收入净额}{固定资产平均净值}\times 100\%$$

$$固定资产周转天数=\frac{360}{固定资产周转率}$$

固定资产周转率用来表明企业固定资产的周转情况，衡量固定资产的利用效率。固定资产周转率越高，表明企业固定资产利用得越充分，同时也能表明企业固定资产投资得当，固定资产结构合理，能够充分发挥效率；反之，如果固定资产周转率不高，则表明固定资产使用效率不高，提供的生产成果不多，企业的营运能力不强。

运用固定资产周转率时，需要考虑固定资产净值因计提折旧而逐年减少，因更新重置而突然增加的影响；在不同企业间进行分析、比较时，还要考虑采用不同的折旧方法对固定资产净值的影响等。

3. 总资产周转情况分析

指标一：总资产周转率分析。

这个指标要检查的内容是，做了这么多业务，钱多长时间能回一次本。总资产周转率体现了企业经营期间全部资产从投入到产出周而复始的流转速度，反映了每单位资产能够产出多少营业收入。由于该指标是一个包容性较强的综合指标，因此，从因素分析的角度来看，它要受到流动资产周转率、应收账款周转率和存货周转率等指标的影响。总资产周转率的计算公式如下：

$$总资产周转率（次）=\frac{营业收入净额}{平均资产总额}\times 100\%$$

总资产周转率与流动资产周转率都是衡量公司资产运营效率的指标。一般来说，流动资产周转率越高，总资产周转率也越高，周转速度也越快，资产利用效率也就越高。

指标二：不良资产比率分析。

不良资产比率是从企业资产管理的角度对企业资产营运状况进行修正的指标。计算公式如下：

$$不良资产比率=\frac{年末不良资产总额}{年末资产总额}\times 100\%$$

式中，年末不良资产总额是指企业资产中存在问题、难以参加正常经营运转的部分，主要包括3年以上的应收账款、其他应收款及预付账款，积压的存货、闲置的固定资产和不良投资，待处理流动资产及固定资产净损失，以及潜亏挂账和已经亏损挂账等。进行不良资产比率分析时应注意的问题见表12-2。

表12-2 不良资产比率分析注意事项

注意要点	着重从资产损失、资金挂账、不良投资及账款、积压商品物资等方面反映了企业资产的质量
分析目的	揭示企业在资产管理和使用上存在的问题，用以对企业资产的营运状况进行补充修正
运用时的注意事项	在用于评价工作的同时，也有利于企业找出自身的不足，改善管理，提高资产利用效率
	一般情况下，不良资产比率越高，表明企业沉积下来，不能正常参加经营运转的资金越多，资金利用率越差
	不良资产比率越低，总体资产的质量越好，经营者的资产运营能力越强
	该指标越小越好，零是最优水平

第十三天　财务报表综合分析

第一节　整体评价体系

在进行财务报表分析时，计算各种财务比率是经常的事，但在得出这些财务比率并加以运用时，却会产生无法判断这些财务比率本身是偏高还是偏低的难题。如果将其与企业的过去水平比较，可以看出自身的变化，但无法知道企业在竞争中所处的地位。如果与同行业、同规模的其他企业进行比较，虽能看出与对方的差距，为发现问题、解决问题提供线索，但对方并非一定是行业中领先的企业，与之不同也不能表明自身的优秀。因此，进行财务比率分析必须选取一定的财务比率作为比较的标准，如标准流动比率、标准资产收益率等。有了标准财务比率，就可以将其作为评价企业财务比率优劣的一面镜子，这比单独进行比率分析更容易发现企业的异常情况，揭示企业存在的问题。

标准财务比率是指特定国家、特定时期、特定行业的平均财务比率，如标准的流动比率、标准的资产负债率、标准的总资产周转率等。可以用来作为标准财务比率的通常是行业平均比率，它是根据同一行业中个别企业的财务与经营资料，先综合为一个整体，再据以求得的。

对于用作标准比率的行业平均财务比率，在使用时应注意行业平均指标是根据部分企业的抽样调查结果而得来的，不一定能真实反映整个行业的实际情况。除此之外，我们还应该注意的是，行业内的企业采用的会计方法不一定全部相同，每家企业的经营状况也可能存在较大差异，如有的企业存在大量债务，有的企业则债务很少。把这些各不相同的企业的指标值加在一起平均，会影响标准比率的权威性。因此，采用标准比率进行比较分析时，应根据实际情况对行业平均财务比率进行一定的修正，尽可能地建立一个可以比较的基础。

一项财务比率只能反映企业某一方面的财务状况。为了对企业进行综合的财务分析，可以选定若干财务比率，按其重要程度，给定一个分值，即重要性系数，总和为1；然后将实际比率与标准比率比较，评出每项指标的得分，求出综合系数，再后将综合系数与重要性系数进行比较，以判明企业财务状况的优劣。这一方法又称为综合系数法。现举一个简单的例子说明综合系数法的运用。

我们可选择公司九项常用的财务比率并给定分值，连同该公司九项财务比率的标准值及实际值，编成如下财务比率综合分析表（见表13-1）。

运用综合系数法编制综合分析表的程序如下：

（1）选定评价企业财务状况的比率指标。

通常应选择能说明问题的重要指标。在每一类指标中，还应选择有代表性的重要比率。如偿债能力、营运能力和盈利能力三类比率指标因反映财务状况的侧重点不同，故应分别从中选择若干比率。这里，我们在偿债能力指标中选择了流动比率、速动比率和资产负债率三个比率作为参考值。

表13-1　财务比率综合分析表

指标	重要性系数	标准值	实际值	关系比率	综合系数
1	2	3	4	5＝4÷3	6＝2×5
流动比率	0.15	2	2.1	1.05	0.1575
速动比率	0.10	1	0.7	0.7	0.07
资产负债率	0.10	0.4	0.3	0.75	0.075
应收账款周转率	0.05	6	5	0.833 3	0.041 7
存货周转率	0.10	3	0.1	0.033 3	0.003 3
总资产周转率	0.15	1	0.93	0.93	0.139 5
销售利润率	0.10	20%	21%	1.05	0.105
总资产收益率	0.10	5%	4.8%	0.96	0.096
所有者权益收益率	0.15	18%	20%	1.111 1	0.166 7
合计	1				0.854 7

（2）根据各项比率的重要程度，确立其重要性系数。

各项比率指标的重要性系数之和应等于1。重要程度的判断，可根据企业的经营状况、管理要求、发展趋势及分析的目的等具体情况而定。

（3）确定各项比率的标准值和实际值。

（4）计算各指标实际值与标准值的比率，称为关系比率。关系比率的计算如表 13-1 所示。

（5）计算各项比率指标的综合系数。

这一综合系数可作为综合评价企业财务状况的依据。通常，综合系数合计数如为 1 或接近 1，则表明该企业财务状况基本符合标准要求；如与 1 有较大差距，则表明企业财务状况不佳。

本例中，综合系数合计数为 0.854 7，与 1 有较大差距，反映出该企业财务状况存在一定问题。进一步观察可发现，该企业除流动比率、销售利润率及所有者权益收益率的关系比率大于 1 外，其余的关系比率均小于 1，说明该企业在资产营运方面存在的问题是造成综合系数合计与 1 有较大差距的主要原因。

采用综合系数法可以综合检查企业财务状况，但应注意，这一方法的有效性有赖于重要性系数和标准比率的正确确定，而这两项因素在确定时，往往带有一定的主观性。因此，这两项因素应根据历史经验和现实情况，合理地判断确定，只有这样才能得出正确的结果。

第二节　杜邦分析法

杜邦分析法，又叫做杜邦财务分析体系，这是一套比较实用的财务比率分析工具。这种分析方法是由美国杜邦公司的经理创造出来的，故将它称为杜邦财务分析法。这种财务分析方法从评价企业绩效最具综合性和代表性的指标——权益净利率出发，层层分解至企业最基本生产要素的使用、成本与费用的构成和企业风险，以此来满足报表使用者通过财务分析进行绩效评价的需要。

杜邦分析法是利用几种主要的财务比率之间的关系来综合、全面地分析企业的财务状况，以此评价企业的获利能力和股东权益回报水平，从财务角度评价企业绩效的一种经典方法。它的基本思想是将企业净资产收益率逐级分解为多项财务比率，这样有助于深入分析、比较企业的经营业绩。在财务分析中，仅仅观察财务报表无法洞察财务状况的全貌，而且仅观察单一的财务比率，也难以了解企业财务状况的全面情况。因此，需要把各种财务比率结合起来，而杜邦财务分析体系就是一种把各种主要财务指标结合起来的最佳小帮手。

杜邦模型最显著的特点是将若干个用以评价企业经营效率和财务状况的比率按其内在因果联系有机地结合起来，形成一个完整的指标体系，并最终通过权益收益率反映出来。采用这一方法，可使财务比率分析的层次更清晰、条理更突出，给报表使用者提供了一张明晰的考察企业资产管理效率和是否最大化股东投资回报的路线图。作为投资分析的一种有力工具，杜邦分析体系是把各种指标联系起来的一种综合分析方法，所以搞清楚选取哪些指标以及这些指标的关系尤为重要。

（1）核心指标——权益净利率。

权益净利率也叫净资产报酬率，是一个综合性很强的财务分析指标，是杜邦分析系统的核心。总资产报酬率是反映所有资产的获利能力的指标，该比率越高，说明给所有者带来的收益越高。总资产报酬率是从所有者和债权人两方来共同考察整家企业的盈利水平，而净资产报酬率则是从所有者角度来考察企业盈利水平的高低。在相同的总资产利润率水平下，企业采用不同的资本结构形式，即不同的负债与所有者权益比例，会造成不同的净资产报酬率。

（2）营运情况指标——总资产报酬率。

总资产报酬率是影响权益净利率的重要指标，具有很强的综合性，而总资产报酬率又取决于营业净利率和总资产周转率的高低。分析资产周转率，首先要对影响资金周转的各因素进行分析，以判断影响企业资金周转的主要问题。营业净利率是反映销售收入的收益水平的指标，扩大销售收入、降低成本费用是提高企业销售利润率的根本途径，而扩大销售也是提高资产周转率的必要条件和途径。

（3）负债情况指标——权益乘数。

权益乘数表示企业的负债程度，反映了企业利用财务杠杆进行经营活动的程度。资产负债率高，权益乘数就大，则企业负债程度高，企业会有较多的杠杆利益，但风险也高；反之，资产负债率低，权益乘数就小，则企业负债程度低，企业会有较少的杠杆利益，但相应所承担的风险也低。

杜邦分析法主要按以下几个步骤进行：

（1）从净资产报酬率开始，主要根据资产负债表和利润表逐步分解、计算各指标。由于杜邦分析法已经找出各个主要指标的内在关系，因此我们首先要把这些指标分解，直接从资产负债表或者利润表上取得财务数字并计算得出结果。

（2）将计算出的指标填入杜邦分析图。杜邦分析图清楚地列示了各个指标之间的关系，把计算出的结果填入图中更有利于进行综合分析。

（3）逐步进行前后期对比分析，也可以进一步进行企业间的横向对比分析。取得各指标数据后，就可以采用各种方法来评价企业各个期间以及不同企业间的财务差异。

杜邦分析体系主要是将若干反映企业偿债能力、营运能力、盈利能力和发展能力的比率按其内在联系有机地结合起来，形成一个完整的指标体系，最终通过核心指标——净资产报酬率来反映。这一综合分析体系中主要的比率关系如下：

$$
\begin{aligned}
\text{净资产报酬率} &= \frac{\text{净利润}}{\text{所有者权益}} \\
&= \frac{\text{净利润}}{\text{资产总额}} \times \frac{\text{资产总额}}{\text{所有者权益}} \\
&= \text{总资产报酬率} \times \text{权益乘数}
\end{aligned}
$$

$$
\begin{aligned}
\text{总资产报酬率} &= \frac{\text{净利润}}{\text{营业收入}} \times \frac{\text{营业收入}}{\text{资产平均总额}} \\
&= \text{营业净利率} \times \text{总资产周转率}
\end{aligned}
$$

$$
\text{权益乘数} = \frac{\text{资产总额}}{\text{所有者权益}} \times \frac{1}{1-\text{资产负债率}}
$$

通过杜邦分析图，可清晰地看出各指标之间关系（见图 13-1）。

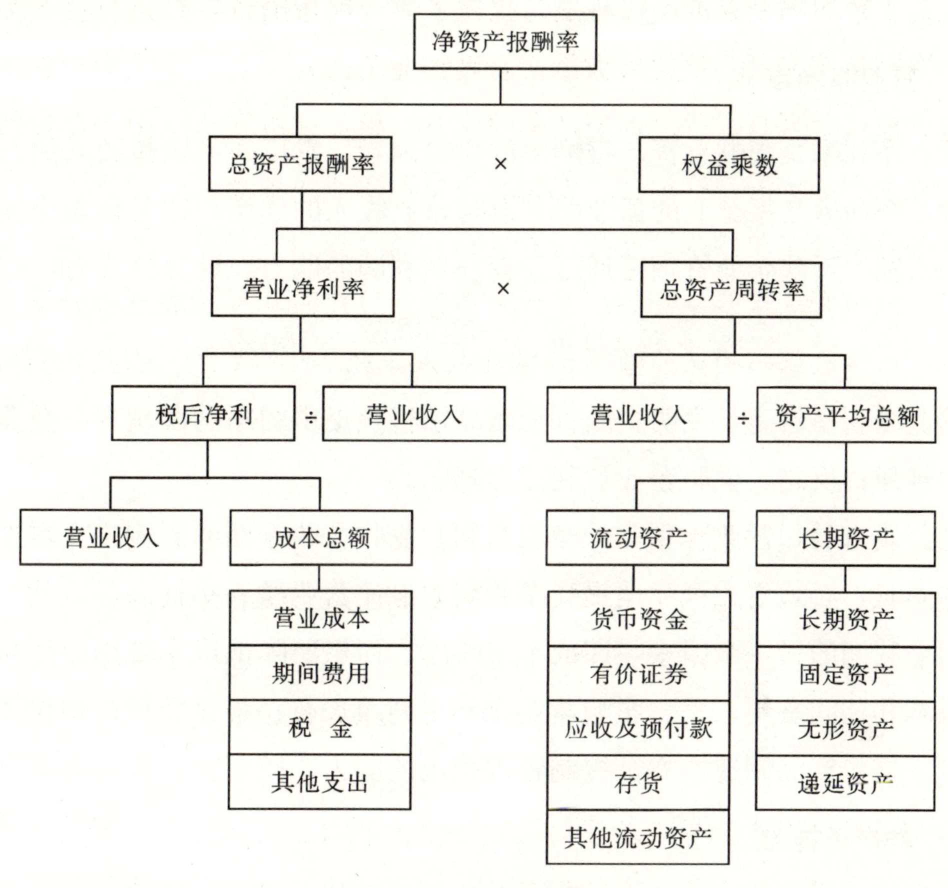

图 13-1　杜邦分析图

第三节　杜邦分析法运用

净资产报酬率是专门给投资人准备的，是投资人用来评价企业资本营运状况的，它反映了投资的回报率如何。净值报酬率要说明的是投资者每把 100 元的财产投放在企业里，能够给他带来多少回报，这个比例高，投资者就高兴，因为投资回报率高。这是从投资者的视点来看盈利水平。

由公式可以看出，净资产报酬率由总资产报酬率和权益乘数决定，而总资产报酬率则由营业净利率和总资产周转率决定，要想提高净资产报酬率，就必须提高营业净利率、总资产周转率与权益乘数三项指标。

1. 营业净利率

营业净利率是影响总资产报酬率的主要因素，它反映了销售收入的收益水平。营业净利率是指企业的营业净利润与营业收入的比率，它是衡量企业经营效率的指标，反映企业管理者通过经营获取利润的能力。计算公式为：

$$营业利润率=\frac{净利润}{营业收入净额}\times 100\%$$

营业净利率越高，说明企业百元商品销售额提供的净利润越多，企业的盈利能力越强；反之，说明企业盈利能力越弱。

从公式来看，营业净利率受净利润和营业收入两方面的影响，在增加营业收入的同时，必须更大程度地提高净利润才能使营业净利率提高，这就要求我们从影响利润的另一个因素，即成本来考虑，而想要降低成本费用必须从降低营业成本和期间费用入手。影响营业净利率的因素有：销售数量、单位产品平均售价、单位产品制造成本、控制管理费用的能力、控制营销费用的能力。

2. 资产周转率

资产周转率是影响净资产报酬率的另一个主要因素，它反映企业运用资产获取收入的能力。资产周转率是衡量企业资产管理效率的重要财务比率，在财务分析指标体系中具有重要地位。这一指标通常被定义为销售收入与平均资产总额之比。资产周转率越高，资产使用效率就越高。其公式为：

$$资产周转率=\frac{本期销售收入净额}{本期资产总额平均余额}$$

其中：

$$本期资产总额平均余额=\frac{资产总额期初余额+资产总额期末余额}{2}$$

从公式来看，总资产周转率受销售收入和资产总额两个因素的影响，要想提高总资产周转率，一方面要扩大销售规模，另一方面要注意总资产的结构，即长期资产、流动资产等各部分的构成，加强管理，提高各种资产的利用率。

不同的报表使用人衡量与分析资产使用效率的目的各不相同。股东通过资产运用效率分析，有助于判断企业财务安全性及资产的收益能力，以进行相应的投资决策；债权人通过资产运用效率分析，有助于判明其债权的物资保障程度或安全性，从而进行相应的信用决策；管理者通过资产运用效率分析，可以发现闲置资产及利用不充分的资产，从而处理闲置资产以节约资金，或提高资产利用效率以改善经营业绩。

3. 权益乘数

权益乘数是影响净资产报酬率的又一个主要因素，它反映企业的负债程度，是企业全年平均负债总额与全年平均资产总额之比。负债程度越高，权益乘数越大，其他因素不变时净资产收益率就越高。但这并不代表负债程度越大就越好，因为负债程度的提高也意味着财务风险的增加，因此，企业应该保持合理的资本结构。权益乘数代表企业所有可供运用的总资产是所有者权益的几倍。权益乘数越大，代表企业向外融资的财务杠杆倍数越大，企业将承担较大的风险。但是，若企业营运状况刚好处于向上趋势时，较高的权益乘数反而可以创造较高的利润，通过提高企业的股东权益报酬率，对企业的股票价值产生正面的激励效果。

杜邦分析体系从企业规模、成本水平、资产营运与资本结构方面分析了净资产报酬率变动的原因，我们可以利用分析的结论协调企业资本经营、资产运营和商品经营之间的关系。在运用杜邦体系进行分析时，可以采用因素分析法，首先确定营业净利率、总资产报酬率和权益乘数的基准值，然后顺次代入这三个指标的实际值，分别计算这三个指标变动对净资产报酬率的影响方向和程度。还可以使用因素分析法进一步分解各个指标，分析深层次的原因，从而找出解决办法。

现以喜洋洋公司 2007 年和 2006 年的数据为例进行分析。

【例】

喜洋洋公司 2007 年和 2006 年的资产负债表与利润表见表 13-2 和表 13-3 表。

表 13-2 资产负债表

编制单位：喜洋洋公司　　2007 年 12 月 31 日　　（单位：万元）

项目	2007 年 12 月 31 日	2006 年 12 月 31 日	项目	2007 年 12 月 31 日	2006 年 12 月 31 日
流动资产			流动负债		
货币资金	1 140	1 316	短期借款	820	1 500
交易性金融资产			交易性金融负债		
应收票据	500	144	应付票据		
应收账款	660	452	应付账款	500	556
预收账款			预收账款		
应收股利			应付职工薪酬	180	164
应收利息			应交税费	340	452
其他应收款	180	432	应付利息		
存货	3 220	2 160	应付股利		
一年内到期的非流动资产			其他应付款	980	328
其他流动资产			一年内到期非流动负债		
流动资产合计	5 700	4 504	其他流动负债		
非流动资产			流动负债合计	2 820	3 000
可供出售金融资产	500	290	非流动负债		
持有至到期投资			长期借款	1 160	1 120
长期应收款			应付债券		
长期股权投资	1 620	1 028	长期应付款	1 120	1 120
投资性房地产			专项应付款		
固定资产	7 240	5 780	预计负债		
在建工程	1 140	1 460	递延所得税负债		
工程物资			其他非流动负债		
固定资产清理			非流动负债合计	2 280	2 240

（续表）

项目	2007 年 12 月 31 日	2006 年 12 月 31 日	项目	2007 年 12 月 31 日	2006 年 12 月 31 日
生产性生物资产			负债合计	5 100	5 240
油气资产			所有者权益		
无形资产	480	248	股本	8 000	6 000
开发支出			资本公积	680	500
商誉			减：库存股		
长期待摊费用			盈余公积	660	526
递延所得税资产			未分配利润	2 240	1 044
其他非流动资产			外币报表折算差额		
			归属母公司所有者权益合计		
非流动资产合计	10 980	8 806	所有者权益合计	11 580	8 070
资产总计	16 680	13 310	负债和所有者权益合计	16 680	13 310

表 13-3 利润表

编制单位：喜洋洋公司 （单位：万元）

项目	行次	2006 年度	2007 年度
一、营业收入		20 033	30 222
二、营业总成本		18 864	27 760
其中：营业成本		14 144	19 200
营业税金及附加		592	672
销售费用		1 760	2 520
管理费用		2 192	5 072
财务费用		96	208
资产减值损失		80	88
加：公允价值变动收益			
投资收益		60	52
其中：联营、合营企业			
投资收益			
三、营业利润		1 229	2 514
加：营业外收入		24	25
减：营业外支出		59	25
其中：非流动资产处置损失			

（续表）

项目	行次	2006年度	2007年度
四、利润总额		1 194	2 514
减：所得税费用		394	830
五、净利润		800	1 684
归属母公司所有者的净利润			
少数股东损益			
六、每股收益			
（一）基本每股收益			
（二）稀释每股收益			

根据表内资料计算喜洋洋公司2007年各主要指标如下：

$$总资产报酬率=\frac{净利润}{营业收入}\times\frac{营业收入}{资产平均总额}=\frac{1\ 684}{30\ 222}\times\frac{30\ 222}{14\ 995}$$

$$=5.57\%\times2.02=11.25\%$$

$$权益乘数=\frac{资产总额}{所有者权益}=\frac{14\ 995}{9\ 825}=1.53$$

净资产报酬率＝总资产报酬率×权益乘数＝11.25%×1.53＝17.21%

根据喜洋洋公司的资产负债表和利润表，可计算出该公司2007年度杜邦分析体系中的各项指标（如图13-2所示）。

根据2007年喜洋洋公司各项指标数据以及前文中的资料，运用连环替代法对喜洋洋公司2007年的净资产报酬率进行分析。

净资产报酬率＝营业净利率×总资产周转率×权益乘数

假定2006年指标为A：5.8%×1.2×1.7＝11.83%

第一次替代结果为B：5.57%×1.2×1.7＝11.36%

第二次替代结果为C：5.57%×2.02×1.7＝19.13%

第三次替代结果为D：5.57%×2.02×1.53＝17.21%

B－A＝11.36%－11.83%＝－0.47%

C－B＝19.13%－11.36%＝7.77%

D－C＝17.21%－19.13%＝－1.92%

经过分析，营业净利率的下降、总资产周转率的上升和权益乘数的下降都对净资产收益的变化起到了作用，而每个指标的影响程度如以上计算结果所示。

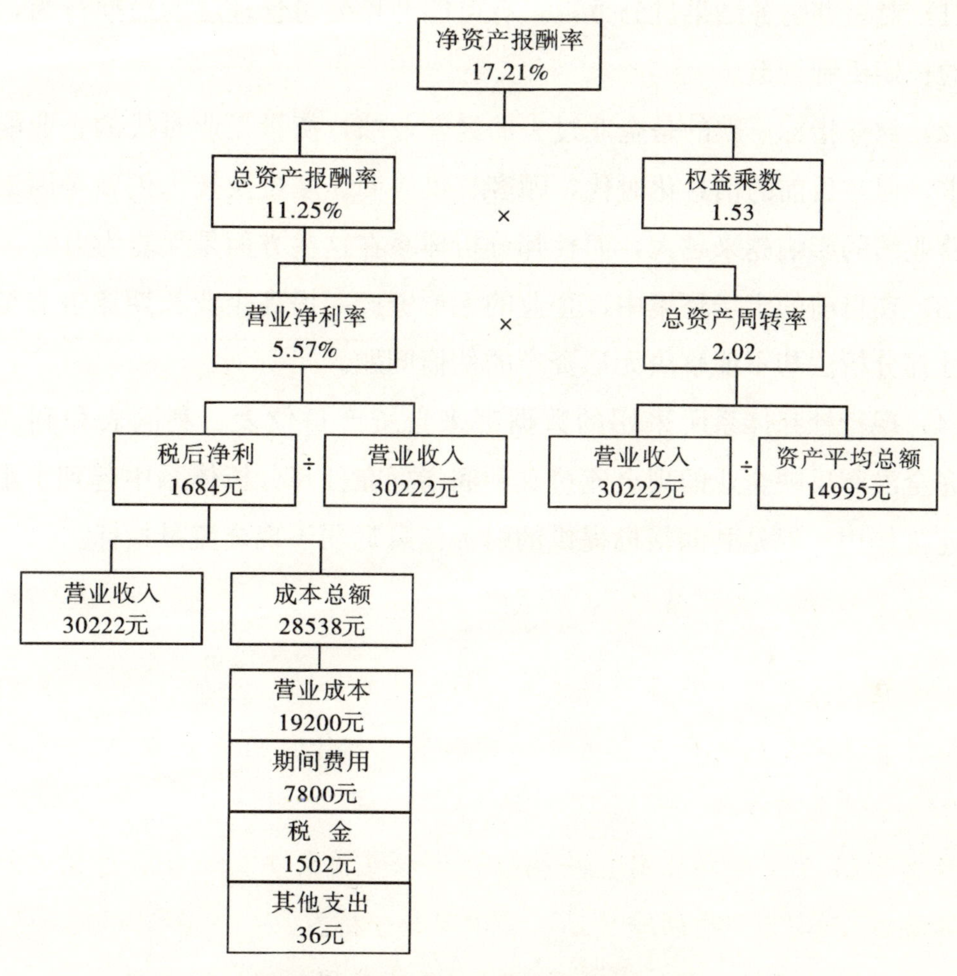

图 13-2　2007 年喜洋洋公司杜邦分析图

通过例子我们可以看出，杜邦分析体系对于企业的分析综合性非常强，其利用财务报表的数据计算出包括企业盈利能力、偿债能力、营运能力与发展能力等各方面的指标，最终用最浓缩的指标净资产报酬率得出结论。杜邦分析体系对企业财务和经营状况的全面分析起到了非常大的作用。

虽然杜邦分析体系具有综合性、全面性等特点，但其本身也存在着一定的问题，这些问题在某种程度上限制了杜邦分析体系的分析效率。

从企业绩效评价的角度来看，杜邦分析体系只包括财务方面的信息，不能反映企业的实力，在实际运用中需要加以注意，必须结合企业的其他信息加以分析。杜邦分析体系的缺陷主要表现在以下几个方面：

(1) 对短期财务结果过分重视，有可能助长公司管理层的短期行为，忽略企业的长期机制创造。

(2) 财务指标反映的是企业过去的经营业绩，衡量工业时代的企业能够满足要求，但在目前的信息化时代，顾客、供应商、雇员及技术创新等因素对企业经营业绩的影响越来越大，而杜邦分析体系在这些方面是无能为力的。

(3) 在目前的市场环境中，企业的无形资产对提高企业长期竞争力至关重要，杜邦分析法却不能解决无形资产的估值问题。

(4) 现行杜邦体系所采用的数据都来自资产负债表、利润表和利润分配表，完全没有反映企业的现金流量。利润指标在杜邦分析体系中起到了承上启下的连接作用，但是利润指标提供的财务信息远弱于现金流量指标。

第十四天　警惕财务“陷阱”

◆第一节　财报常见“陷阱”

◆第二节　“陷阱”防范妙计

第一节　财报常见“陷阱”

骗子行骗时总是要设个圈套来引我们上钩，上市公司有的时候也是用这种方法来引诱投资者上当。上市公司财务报告中的“陷阱”就是引诱我们上钩的圈套。上市公司的财务会计报告主要有招股说明书、上市公告书、年度报告、中期报告和临时报告。而我们常说的“陷阱”，即虚假财务报告，是指未能遵循财务会计报告标准，无意识或有意识地采用各种方式和手段歪曲地反映企业某一特定日期的财务状况及某一会计期间的经营成果和现金流量，对企业的经营活动情况作出不实陈述的财务会计报告。

从性质上看，虚假财务报告有错误型虚假财务报告和舞弊型虚假财务报告。错误的财务报告不实之处少一些，而虚假的财务报告不实之处多一些。错误型虚假财务报告是指无意识地对企业经营活动状况进行了虚假陈述，在主观上并不愿意使财务报告歪曲地反映企业经营状况。这主要是由于会计人员素质较低引起的错误，比如经济业务的遗漏，对会计政策的误解等。而舞弊型财务报告是指为了实现特定的经济目的而有意识地偏离会计准则和其他会计法规，对企业财务状况、经营成果和现金流量情况进行虚假陈述的财务报告，它是利益集团或个人为了经济利益而进行的一种有意作为，是一种损人利己行径。

从内容上看，我们又可以把虚假财务报告分为财务数据虚假和非财务数据虚假两种虚假财务报告。财务数据虚假的财务报告是最常见的，如企业虚计资产，少列负债，虚增利润，少扣费用等。非财务数据虚假的财务报告是指对非财务数据进行虚假表述，在上市公司中对公司成立时间的虚假披露，对关联方关系的虚假陈述等都属于此类。这种虚假陈述同样可以使企业达到其造假目的，也散见于我国上市公司的违规案件中。

从类型上看，虚假财务报告主要有上市在公告书上造假、在招股说明书上造假、在年度报告上造假和在中期报告上造假等类型。在企业的财务舞弊中，无论出现的是哪一种类型的虚假财务报告，都一样会产生不利的经济影响，引起市场秩序的混乱和无序。

我们回顾一下《中国证券监督管理委员会公告》中被处罚的36个案例，年度报告虚假的有28家，中期报告虚假的有7家，上市公告书和招股说明书虚假的有12家，对有关重大事项未能及时予以公告的有8家。这些数据说明虚假财务报告主要是年度报告。虚增资产和利润、提前确认收入等影响到年度财务报告，而虚增资产和利润是上市公司作假的主要方面。

虚假财务报告的内容是指在虚假财务报告中的虚假信息。在这36个案例中，资产虚假的有7家，利润虚假的有17家，设立时间虚假的有3家，股本金和股份数虚假的有9家，募集资金用途虚假的有7家，支出和负债虚假的有4家，其他情况虚假的有15家，包括虚假陈述股票托管、大股东的持股份额、诉讼案件情况，以及有意混淆会计报表项目之间的金额等。

从以上数字不难看出，财务报告中虚假信息的分布面很广，几乎涉及了所有的报告内容。但虚假程度最严重的是利润，然后是资产、资本金和股份数的虚假陈述，改变募集资金用途和挪用募集资金亦占很大比重。这说明：编制虚假财务报告的主要目的是调节利润，粉饰公司经营业绩，以误导投资者的资金去向；上市公司筹资只是一种“圈钱”，并没有好的投资项目，他们在内部资金的压力下匆忙上市融资，当资金到手后却不知如何花，最终资金的用途被改变，更有甚者就直接被大股东侵占和挪用。

为了揭开上市公司虚假财务报告的面纱，下面我们来看上市公司财务报告粉饰常见的六种手段。

1. 利用资产重组调节利润

资产重组是企业为了优化资本结构、调整产业结构、完成战略转移等目的而实施的资产置换和股权置换。然而，资产重组现已被广为滥用，以至提起资产重组，人们立即联想到做假账。近年来，在一些企业中，特别是在上市公司中，资产重组确实被广泛用于粉饰会计报表。不难发现，许多上市公司扭亏为盈的秘诀在于资产重组。典型做法是：借助关联交易，由非上市的国有企业以优质资产置换上市公司的劣质资产；由非上市的国有企业将盈利能力较高的下属企业廉价出售给上市公司；由上市公司将一些闲置资产高价出售给非上市的国有企业。

例如，某股份公司2000年将6 926万元的土地使用权以21 926万元的价格卖给母公司，确认了15 000万元的利润；同时将所属一家企业的整体产权（账面净值1 454万元）以9.414万元的价格出售给母公司，确认7 960万元的利润。这两笔资产重组的利润总额合计22 960万元。

资产重组往往具有使上市公司一夜扭亏为盈的神奇功效，其“秘方”一是利用时间差，如在会计年度即将结束前进行重大的资产买卖，确认暴利；二是进行不等价交换，即借助关联交易，在上市公司和非上市的母公司之间进行“以垃圾换黄金”的利润转移。

2. 利用关联交易调节利润

我国的许多上市公司由国有企业改组而成，在股票发行额度有限的情况下，上市公司往往通过对国有企业进行局部改组的方式设立。股份制改组后，上市公司与改组前的母公司及母公司控制的其他子公司之间普遍存在着错综复杂的关联关系和关联交易。利用关联交易粉饰会计报表、调节利润已成为上市公司乐此不疲的“游戏”。

利用关联交易调节利润，其主要方式包括：

（1）虚构经济业务，人为抬高上市公司业务的效益。例如，一些股份制改组企业因主营业务收入和主营业务利润达不到70%，并通过将其商品高价出售给其关联企业，使其主营业务收入和利润“脱胎换骨”。

（2）采用大大高于或低于市场价格的方式，进行购销活动、资产置换和股权置换。如前面所举的资产重组案例。

（3）以旱涝保收的方式委托经营或受托经营，抬高上市公司经营业绩。如证券报刊广为报道的某股份公司，以800万元的代价向关联企业承包经营一个农场，在不到一年内获取7200万元的利润。

（4）以低息或高息发生资金往来，调节财务费用。如某股份公司将 12 亿元的资金（占其资产总额的 69%）拆借给其关联企业。虽然我们不能肯定其资金拆借利率是否合理，但有一点是可以肯定的，该股份公司的利润主要来源于与关联企业资金往来的利息收入。

（5）以收取或支付管理费，或者分摊共同费用调节利润，如某集团公司 2000 年替其控股的上市公司承担了 4 500 多万元的广告费，理由是上市公司做的广告也有助于提升整个集团的企业形象。

利用关联交易调节利润的最大特点是，亏损大户可在一夜之间变成盈利大户，且关联交易的利润大都体现为"其他业务利润"、"投资收益"或"营业外收入"，但上市公司利用关联交易赚取的"横财"，往往带有间发性，通常并不意味着上市公司的盈利能力发生实质性的变化。另一个特点是，交易的结果是非上市的国有企业的利润转移到上市公司，导致国有资产的流失。

3. 利用资产评估消除潜亏

按照会计制度的规定和谨慎原则，企业的潜亏应当依照法定程序，通过利润表予以体现。然而，许多企业，特别是国有企业，往往在股份制改组、对外投资、租赁、抵押时，通过资产评估，将坏账、滞销和毁损存货、长期投资损失、固定资产损失以及递延资产等潜亏确认为评估减值，冲抵"资本公积"，从而达到粉饰会计报表、虚增利润的目的。

例如，一家国有企业于 1999 年改组为上市公司时，1996 年、1997 年和 1998 年报告的净利润分别为 2 850 万元、3 375 万元和 4 312 万元。审计时发现：

（1）1996 年、1997 年和 1998 年应收款项中，账龄超过 3 年，无望收回的款项计 7 563 万元。

（2）过期变质的存货，其损失约 3 000 万元。

（3）递延资产中含逾期未摊销的待转销汇兑损失为 1 750 万元。

若考虑这些因素，则该企业过去三年并没有连续盈利，根本不符合上市条件。为此，该企业以股份制改组所进行的资产评估为"契机"，将这些潜亏全部作为资产评估减值，与固定资产和土地使用权的评估增值 18 680 万元相冲抵，使其过去三年仍然体现高额利润，从而达到顺利上市的目的。

4. 利用股权投资调节利润

由于我国的产权交易市场还很不发达，对股权投资的会计规范尚处于初级阶段，有不少国有企业和上市公司利用股权投资调节利润。除了借助资产重组之外，还有不少国有企业利用成本法和权益法粉饰会计报表。典型的做法是，对于盈利的被投资企业，采用权益法核算；而对于亏损的被投资企业，即使股权比例超过 20%，仍采用成本法核算。

近年来，迫于利润压力，一些上市公司经常在会计年度即将结束之际，与关联公司签订股权转让协议，按权益法或通过合并会计报表，将被收购公司全年的利润纳入上市公司的会计报表。值得庆幸的是，财政部会计司 1998 年 5 月已发布了通知，明确规定股权转让时，收购企业只能以收购之日前被收购企业实现的利润作为收购成本，收购企业不得将其确认为投资收益。这一规定，无疑将抑制国有企业和上市公司利用股权投资调节利润、粉饰会计报表的行为。

5. 利用其他应收款和其他应付款调节利润

根据现行会计制度规定，其他应收款和其他应付款科目主要用于反映除应收账款、预付账款、应付账款、预收账款以外的其他款项。在正常情况下，其他应收款和其他应付款的期末余额不应过大。然而，我们在审计过程中发现，许多国有企业和上市公司的其他应收款和其他应付款期末余额巨大，往往与应收账款、预付账款、应付账款和预收账款的余额不相上下，甚至超过这些科目的余额。之所以出现这些异常现象，主要是因为许多国有企业和上市公司利用这两个科目调节利润。事实上，注册会计师界已经将这两个科目戏称为“垃圾筒”和“聚宝盆”(因为其他应收款往往用于隐藏潜亏，其他应付款往往用于隐瞒利润)。

6. 利用时间差调节利润

一些上市公司为了在年度结束后能给股东一份“满意”的答卷，往往借助时间差调节利润。传统的做法是在12月份虚开发票，次年再以质量不合格为由冲回。较为高明的做法是，借助与第三方签订“卖断”收益权的协议，提前确认收入。例如，某股份公司于1999年12月15日与德国一家公司签订协议，以3 500万元的价格向德国公司购买了一批硬件和软件，同时德国公司同意以12 000万元的价格购买开发出的软件，合同约定交货的时间为2000年6月和9月，2000年12月质量鉴定后予以验收。1999年12月26日，该上市公司与一家外贸公司签订协议，以9 600万元的价格“卖断”软件，同时确认5 100万元的利润。鉴于该股份公司尚未提供商品或劳务，风险与报酬尚未转移，上述收益的确定显然是不成立的。即使与外贸公司签订的协议成立，这9 600万元也只能作为预收账款，只有等到2000年6月和9月才能根据提供的商品或劳务逐步确认收益。可见，该上市公司实质上是利用与外贸公司的“协议”，进行跨年度的利润调节。

值得庆幸的是，《企业会计准则收入》已颁布，确认收入的实现必须满足诸多严格的条件，在很大程度上有助于抑制利用时间差调节利润的现象。

第二节　“陷阱”防范妙计

近几年虚假财务报告中的会计信息严重干扰了众多投资者的决策行为，如何识破虚假财务报告成为投资者急需解决的问题。为防范虚假财报的“陷阱”，我们需要做到以下几点：

一要看企业的营业利润及经营活动产生的现金流量。在利润表上做假比在现金流量表上做假要容易得多，前者通过虚开发票、虚构交易便很容易完成。如果企业上下合谋，从原材料的购进到产品的销售出库各个环节单证手续齐全，即使注册会计师也很难审计出来。但现金流量就不一样了，如果想虚增现金流量，一方面需要有外部资金进账，另一方面还需银行方面提供齐备的交易记录，但这两点通常是很难办到的。因此投资者可结合利润表中的营业利润与现金流量表中经营活动产生的净现金流来判断企业年报是否存在造假嫌疑。在分析时，投资者可构造比率，用营业利润除以经营活动产生的现金流量，然后进行趋势分析，如果比率在不断加大，则基本可以判断公司可能存在问题。这个比率也可以同行业比较，如果与行业平均水平相比相差太大，投资者也应引起警觉。

有心的投资者还可参照下面的方法分析净利润及与之对应的现金净流量的关系。计算公式为：

与净利润对应的现金净流量＝经营现金净流量＋取得投资收益所收到的现金净额＋处置固定资产、无形资产和其他长期资产收到的现金净额

二要看主营业务税金及附加与销售收入的关系。通常主营业务税金及附加与销售收入存在一个比较固定的比率关系，而且在同行业中这个比率也比较接近，如果这个比率波动太大或偏离行业水平太远，则公司的销售收入可能有问题。

三要看公司的对外负债与财务费用的关系。资产负债率高的企业的利息支出通常比较高，但专门为建造固定资产而借入的资金发生的利息支出在满足一定条件下可以资本化，计入固定资产价值。如果公司对外负债很高，但财务费用少，在建工程（在会计报表附注中显示）金额也不多，则可能存在通过滥用利息资本化操控利润的嫌疑。

四要剖析无形资产。我国会计准则对无形资产的确认比较严格，自行开发取得的无形资产，只是将取得时发生的费用确认为无形资产的价值，对于开发过程中的材料费、人工费等直接计入当期损益。因此，如果年报中显示的自行开发的无形资产增加过多，则就有可能存在费用资本化的嫌疑。

五要揣摩审计意见。我们必须关注非标准审计报告及管理层对此作出的说明。非标准无保留意见的审计报告往往蕴涵着这家上市公司存在严重的财务问题，注册会计师往往不是不知道上市公司造假，但一般不会直接地指出上市公司造假，在措辞时往往避重就轻，十分委婉，用说明段和解释段内容暗示这家

公司存在严重的财务问题。如注册会计师强调“应收款项金额巨大”时，这时投资者就要注意可能这些应收款项很难收回或者是虚构的；注册会计师强调“主营收入主要来源于某家公司尤其是境外公司”时，这时投资者就要注意这些收入可能是虚构的。

最后我们来看一则对虚假利润操作进行分析的案例。

【例】

琼民源 1996 年度虚假财务报告分析

琼民源 1996 年度主要会计数据和财务指标如表 14-1 所示。

表 14-1　琼民源 1996 年度主要会计数据和财务指标

序号	指标项目	本年数	上年数	比上年增减(%)
1	主营业务收入(元)	16 779 885.78	3 637 800.26	361.26
2	利润总额(元)	570 931 352.94	672 148.22	84841.29
3	净利润(元)	485 291 650.00	375 704.85	129068.32
4	总资产(元)	3 090 017 752.06	1 385 797 608.90	122.98
5	少数股东权益(元)	376 121 000.00		
6	股东权益(万元)	2 256 220 812.56	1 113 599 162.56	102.61
7	每股收益(元/股)	0.87	0.000 9	962.33
8	每股净资产(元/股)	4.03	2.59	55.60
9	净资产收益率(%)	21.51	0.034	631.65
10	股东权益比率(%)	73.02	80.36	−9.13

【分析】

一、利润分析

1. 趋势分析。

琼民源 1996 年度利润总额为 57 093 万元，比上年增长了 848 倍；净资产收益率由上年的 0.034 元/股增加到 1996 年的 21.51 元/股，增长了 631 倍。从指标上反映，琼民源 1996 年获得了暴利，而且是一个天文数字。

2. 结构分析。

琼民源利润总额占主营业务收入的34倍，可见，琼民源的主要利润增长点不是主营业务收入，而是投资收益等，这就不禁让人们产生疑问：巨大利润来自何处呢?

二、巨大利润的真正来源

琼民源1996年度巨大利润的真正来源是虚假财务报告。

1. 经查实，琼民源1996年度财务报告和补充公告所称1996年“实现利润5.7亿余元”，“资本公积金增加6.57亿元”的内容严重失实。其中5.4亿元虚构利润是在未取得土地使用权的情况下，通过与关联公司及他人签订的未经国家有关部门批准的合作建房、权益转让等无效合同编造的；而6.57亿元资本公积金，是在未取得土地使用权、未经国家有关部门批准立项和确认的情况下，对四个投资项目的资产评估而编造的，已构成严重虚假陈述行为。

2. 为琼民源出具1996年度财务审计报告和资产评估报告的会计师事务所，因其所出具的文件含有虚假陈述、严重误导性内容，亦构成虚假陈述行为。

3. 操纵市场行为。琼民源的控股股东民源海南公司与深圳有色金属财务公司联手，于琼民源公布1996年中期报告“利好消息”前，大量买进琼民源股票，1997年3月前大量抛出，获得暴利。1996年8月以来，民源海南公司先后从深圳有色金属财务公司贷款3 000万元，透支1 000万元，非法获利6 630万元。民源海南公司和深圳有色金属财务公司构成了操纵市场行为。

新书推介：

《滚动交易理论》丛书

作者简介：

罗振文，滚动交易理论创始人、滚动投资机构创办人、网校中国交易学院创建人、操盘街网站首席运营官、操盘学研究会秘书长、知名财经作家、著名证券培训讲师、资深理财策略师。股海沉浮十五年以上，具有丰富的实战经验，对证券投资和投机有深刻的认识和独到的见解，尤其是在滚动投资和趋势投机方面有极高的造诣。

个人投资理念是：趋势为王、安全第一、稳健赢利、长久生存。主要著述有《滚动交易理论》丛书等21部。竭诚欢迎广大投资者切磋交流。

联系办法：

手机：13719061809

邮箱：caopanxue@qq.com

网址：www.caopanxue.com

欢迎免费加入路灯读书会，您有机会：

1.参加本读书会组织的免费培训课程；

2.参加本读书会组织的投资报告会、理财沙龙等活动；

3.与知名投资家面对面沟通交流。

免费入会方法：

发送“姓名+手机号码+省份+城市”到13631306025。例如身在广州的张三想入会，发送“张三 136××××××××广东广州”到13631306025就可以了。

邮购及预订电话：

13631306025

新书推介：

《投资入门两星期》系列丛书

欢迎免费加入路灯读书会，您有机会：

1.参加本读书会组织的免费培训课程；

2.参加本读书会组织的投资报告会、理财沙龙等活动；

3.与知名投资家面对面沟通交流。

免费入会方法：

发送"姓名+手机号码+省份+城市"到13631306025。例如身在广州的张三想入会，发送"张三 136××××××××广东广州"到13631306025就可以了。

邮购及预订电话：

13631306025

新书推介：

路灯读书会
我们提供知识，照亮您前进的路

水价涨了、电价涨了、油价涨了、气价涨了，“涨声四起”的时代，你还不理财？

欢迎免费加入路灯读书会，您有机会：

1.参加本读书会组织的免费培训课程；

2.参加本读书会组织的投资报告会、理财沙龙等活动；

3.与知名投资家面对面沟通交流。

免费入会方法：

发送“姓名＋手机号码＋省份＋城市”到13631306025。例如身在广州的张三想入会，发送“张三136××××××××广东广州”到13631306025就可以了。

作者简介：

秦义虎，中国人民大学商学院财务与金融系博士，资深理财专家，曾出版《股指期货新手投资指南》、《投资大师名言启示录》等著作。

邮购及预订电话：13631306025